中村 明［著］
Akira Nakamura

文章を彩る 表現技法の辞典

東京堂出版

はしがき

学校の小論文や期末レポート、職場での企画書や報告書、家庭での転居通知や依頼状・礼状など、必要に迫られて書く文章とは別に、折にふれてペンを執りたくなる宵もある。今はキーを叩く人が多いだろうが、手段は何であれ、文章という形で誰かに送り届ける。

ぜひともあの人にこの思いを伝えたいという気持ちになる日もあれば、折々に感じたこと、いつか深く考えたことを、それが永遠に消えてしまう前に書きとめたい時もある。あるいは、自分というひとりの人間がこの世に在った証として、生きてきた軌跡やその時どきの所感を記録しておきたいと思い立つこともあるような気がする。そんなとりとめもない言葉のスケッチが、いつか長い手紙となり、時にエッセイとなったりする。稀に、意図せぬ誇張や変形が忍び込んで、思いもかけないフィクションに近づくこともありそうだ。

文章をとおして先方に届くのは、伝達したい情報だけではない。まさに文は人なり、そのことをそういうことばで表現した人間の在り方も、おのずと相手に伝わってしまう。誤字脱字だらけの文面では、相手のことなど考えてもみない身勝手な人間がばれてしまう。しゃっちょこばった文面には、真面目一方で融通の利かない人柄が映る。なりふり構わぬ文面からは、世の中どうでもいいという捨て鉢な生き方が伝わってしまう。一点の隙もない文章からは、他人に心を許さない頑な人間性が想像される。

瞬時も気を許さず、欠点も魅力もない文章をさらすよりは、少しは夢や稚気のある人間として誰かの記憶に残りたい。ならば、少しは面白みのある文章をめざそう。

「あるがままに書くのはやめよう」という清水幾太郎の卓見、「ちょっと気どって書け」という丸谷才一の勇気ある提言がある。近代文学の恩師である稲垣達郎は「寝て書くと文章も寝る」という忠告を残した。そういう型破りのことばに励まされ、文章に魅力をつける技を、文学作品から選りすぐった例を気楽に鑑賞しつつ、系統別に紹介しよう。

そんな気ままなこの本は、晴れた日に芝生に寝ころがって読むもよし。あるいは、ファストフードの店の小さな椅子で、立ちのぼる珈琲の湯気の奥に透けて見える、雨もよいの空を眺めながら、ぱらぱらめくってもよし。書斎で肩を怒らし、むずかしい顔をして読んでいるときには気づかなかった、書くために考えるヒントが、案外そんな折にひょっこり浮かんできたりする。読むともなく眺めているうちに、気持ちのなかに次第に熱してくるものがあり、わけもなく書きたくなってくるかもしれない。うまい文章などという意気込みを忘れ、ひたすら書く。表現の勘というものは、そんななかで培われてゆくように思う。

この本がいつかそんなきっかけを提供することを願って、ひと風呂浴びて来よう。そのあと、なんだかワインになりそうな気がする。どういうわけか知らん？

二〇一九年　秋深く　東京小金井の陋屋にて　さっきまで吠えていた犬の寝顔を眺めつつ

著　者

文章を彩る 表現技法の辞典●目次

はしがき （i）

序 街角のレトリック 3

読み書く悦び／感文一致のすすめ／文字を選ぶ贅沢／ことばで遊ぶ愉しみ／暮らしの中に技法のかけら／照れ隠しのいたずら・おとぼけ／ものの見方の開拓

一 情報の操作――【配列】 37

殿の褒美と春の日／人生はマッチ箱／夏まで生きていよう／一人だけ笑わぬ者が／思いつめた目をした中年男／小よしのそばで……恋しい小よしのそばで／まっ白な光をながめた。不安に胸がせまって／夏みかんのにおい／小さな鏡餅には、もう罅が／投手で四番からスコアラーに／崖に鳴り、いただきにひびき、宙にとどろき

二　多彩な反復——【反復】　54

漂っている。漂っていく。漂っていった／平凡な者が平凡な筆で平凡な半生を／その日は待つ間もなく来た／ぽたりぽたりと落ちる／笑う、笑う、くっくと笑い転げる／徒歩の人も避ける　騎馬の人も避ける／凍えるように寒かった／どこまでも、いつまでも

三　韻律の快感——【諧調】　68

可愛可愛と烏は啼くの／龍馬も頓馬も／はなのののはな／つぶら瞳の君ゆゑに／口の内に独り呟きながら／蔦かずら掻きわけて細い山路／厭な奴です、悪い人です／花を待ち、花を惜しむ心が／住みにくい。住みにくさが／耳から耳の奥へ、耳の奥から脳のなかへ／夢と詩があっての人生／街に出て街に入り／美しい者は強者、醜い者は弱者／まぶしいような。

四　溢れる言語——【付加】　90

そして……やはり……もっとも……／その揚句が、蕎麦が食いたい、何？／大きな鼻、静かな口、長く延びた眉毛／奇妙な……しかし……だが……また……それでいて／ケーキ米麦砂糖てんぷら／理解しない、或はしたくない

五　雄弁な沈黙――【省略】　103
これには面喰った／呼びました。抱きました。徒労でした。／いやだわ。一番肩の張るお客さま。／道徳は便宜の異名／翌晩十時を過ぎて／私が答えると、老人はちょっと考えた／しかし、身体は日々に――。／何一つ未練なく……／見ると、雪。／涙の谷／否、それだけのことである。

六　婉曲度の幅――【間接】　127
其他は推して知るべし／あるもの／父の女房殿／体の入口と出口／山々の初夏／思ったりした／婦人に冷淡な方ではない／どうして口にできましょうか／えらいと思うわ／下から勘定する方が便利

七　多様な比喩――【置換】　149
時は金なり／花の散るがごとく／夜の川／小説の息／温い匂い／骨董は女／咲くという眼なざし／声の感嘆符

八　人めく万物――【擬人】　160
サイレンが吠える／水が喘ぐ／中肉中背／お化粧に余念が無い／自在鉤が無聊を託つ
九　引用の濃淡――【多重】　170
クレオパトラの鼻／終り良ければすべて良し／百敷や／山は暮れ／
朝顔やに釣瓶をとられて／天明・蕪村・野茨／花よりタンゴ／下戸に御飯／くそ！／鳴く虫
十　誇張の摩擦――【拡大】　191
おしゃべり人形／涙が左右の地面に／百万巻の御経／上ずった足取り／生きたしるし／
何もかも――何一つ／清潔な抽象／小説など書いていない／尤も過ぎれば嘘になる／
イデオロギーと思想
十一　逆説の刺激――【矛盾】　204
均整を破る均整／文学は文学ではない／文学を眺める／失敗で成功／
必要な金を借りるのが悪い／飛べないことを知らないから飛べる／不幸な幸福／

理知的なジュリエット／悲しいほど美しい／猛烈な沈黙／女が女になる／女は女

十二　視点の機能――【立場】　222

……ものである／硝子戸の外の道／扁平な姿／傘なしにひとしく濡れていた／お母さんの大きな下駄

十三　成熟した〈間〉――【余白】　231

え？　誰が？／……だが、そんな……／ひるに近い閑な時刻／ぼんやり風呂につかって

十四　余情の滴り――【残映】　240

秋の日のどんよりと曇って／白い雨の後姿／何一つ未練なく……／風に吹かれているような

十五　出会いの趣――【冒頭】　253

文科第七番教室／吾輩は猫である／木曾路は山の中／トンネルを抜けると雪国／死のうと思っていた／そして私は／とっさに背を向けたが

十六　別れの風情――【結尾】　268
不逞な気分／巴里は薄紫／ぶらつかせながら／一生を馬鹿で過ごせたら／しぶとい人や／蒼く烟があがって／塩尻に着いたら乗換えを／石橋に立つ小さな母の姿／ものうい音律／下人の行方は誰も／此縁側に一眠り

あとがき　293

索引（技法索引・引用作品索引）　302

文章を彩る

表現技法の辞典

序　街角のレトリック

読み書く悦び

読書には少なくとも三つの楽しみがある。むろん一つは読んで賢人の仲間入りをする悦びだ。日頃から多方面の学術研究書に親しみ、幅広く読みこなせれば理想的だが、専門的になるほど分野は狭まるから、一個人が広大な領域の深い知識を得ることは現実に困難だ。教養を身につけたい一般の読書人にとって必要なのは、さまざまな分野のそれぞれ基本的な知識である。そのあたりを興味深く解説した本に運よく出あえれば、特に努力するという意識もないまま、おのずと広範な知識が身につくことだろう。

人生に必要なのは高級な学識ばかりではない。時には、「酒と肴の目利きになるコツ」「肩・腰・膝の悩みが消える本」「安く上げる離婚の秘術」「得も言われぬ無駄な時間」などといった、いわゆる隠居の雑学めいた雑多な知識満載の通俗本にもふれたい。頭をマッサージすると疲れがとれる。心なしか人間の幅もいくらか広がるような気がする。

次は、いわば名優になった気分を味わう楽しみである。残酷なことだが、どんな人も現実には自分の人生しか送られない。男の人は「女の一生」を体験できず、女の人は「坊っちゃん」として暮らすことはできない。それでも、百編の小説や漫画を読むことで、ハムレットとして悩み、ホームズとして難事件を解決し、白雪姫として王子と結婚し、サザエさんとして失敗を重ねながら、読者は気分として百種類もの違った人生を満喫できる。

読書のもう一つの効用は、作者と一対一で対話する楽しみである。流行作家やベストセラー作品の著者はたいてい存命だが、それでも一般読者が直接ことばを交わすチャンスはめったにない。その点、読書の場面でなら、直接耳もとで語りかけられている気分を味わうことも可能だ。しかも、耳もとでささやく相手は、そういう生きている著者だけではない。今は亡き井伏鱒二があの丸顔でとぼける。夏目漱石も森鷗外も、良寛や松尾芭蕉も、遠い昔の紫式部や清少納言でさえも、はてはチェーホフやゲーテやスタンダールやシェイクスピアら海外の文豪を含めて、それぞれの生きたことばを読者の耳に直接吹きかける。

近代の偉人や古代の英雄が、あるいは、各時代に生きたさまざまな奇人や愚者が、それぞれ個性的な自分のことばで語りかける。本を読みながら表現の奥のそういう作者自身の肉声をじかに、しかも自分独りで聴く贅沢な時間が流れる。耳もとの貴重なささやきにうなずく読書は、まさに至福のひとときであると言うことができよう。

とするなら、文章を書くひとときは、その逆の立場になるはずだ。手紙とは違って相手は家族や友人、知人だけではない。読み手はほとんどが赤の他人。それも、居場所を知らないだけか、顔さえもわからない、まったく見知らぬ人たちだ。ひょっとすると海を渡り、あるいは時代をも超えて、いつか誰かの耳もとで、そっと思いの丈《たけ》をささやく行為となったりする。それはどこか、蚤《のみ》の市《いち》で見つけた宛名のない便りに似ているかもしれない。

感文一致のすすめ

昔の大人たちが思いをこめてきた「本」という形に、今の若い人たちはさほど重きを置かない。少年時代にひと夏、一対一で英文法の基礎を教わった相手の大学生、のちの上智大学教授、あの碩学《せきがく》の渡部昇一は、買わなくても済む本は、読まなくてもいい本だと言ってはばからない。しかし、好きな本や持っていたい本を書棚に並べて思い思いの世界を築き、その独特の空間をもって自己を語る文化。

そういう生っ白いダンディズムは今やすっかり姿を消した。文学全集や百科事典類が応接間を飾るインテリア蔵書も影をひそめた感がある。

全何巻の全集だろうが意に介さず、ほしい巻だけ購入する現代風のやり方は無駄がないし、ある意味で健全に見える。その読みたい一冊も、自分で購入せず図書館で借りたほうが安上がりだ。それも通読せず、必要なページだけコピーして済ませば、さらに効率的かもしれない。全集本の一冊欠けても気になり、古本屋街を必死に探した愚かな昔が無性に懐かしい。もはや存在感のある書籍という形への郷愁が消え失せ、情報という抽象化された存在の価値に転化した、そんな乾いた時代を迎えようとしているような気がする。

効率最優先のこういう社会的風潮は、極論すれば、料理を栄養剤と等価と見なす現象に近い。昔の星セント・ルイスの漫才を思い出す。人体を解体して、それを構成している水と炭素や脂肪や鉄分や燐《りん》といった要素に分析し、それらを原料として鉛筆の芯、石鹼、釘、マッチ棒の頭がこれだけ造れるから、トータルで七千円となる、それだけの値打ちしかない身体に一千万円もの生命保険をかけるのだから人間は強欲だと結論づける流れだった。仮に細部はそのとおりだとしても、この論法は肝腎の点を意図的に見落としている。水や炭素が「モナリザ」を描き、鉄分や燐が「交響曲四〇番ト短調」を作曲し、紫式部の原材料が源氏物語を書いたのではないという決定的な一事に目をつぶっているからだ。

文章が人の心に訴えかけるのは、単なる物理的情報という痩せ細った概念だけではない。伝えたい対象やそれへの思いを、書き手が意図する形に切り取り、イメージどおりの解析度で発信し、受信した読み手がそれに味や匂いまでを想像して雰囲気を読みとる。そういう共同作業の流れが滞りなく成功してはじめて、人から人への伝達効果が生じ、その情動を左右する大きな働きをするのだろう。

小説では単に「木のそばに人が立っていた」などと粗っぽくスケッチすることもある。日頃漫画やテレビに親しみ、活字を読む機会のとぼしい人には、これだけではイメージが浮かびにくく、もどかしい思いがするかもしれない。たしかに映像となるとこうはいかない。世の中に一般的な木などという抽象的な植物は生えてこないから、松か杉か桜か欅《けやき》か、何かに限定しなければならない。高さも枝ぶりも葉の色も、その対象に応じて否応なくきまってしまう。「人」の箇所も、漠然とした人間などというものは立っていられないはずだから、性別も年齢も、体型や顔だちも、すべて具体的な映像となる。画面を意図的にぼやけさせることも可能だが、同時にそういう意図も相手に伝わってしまう。

一方、文章の場合は、どれほど細密な表現を意図しても、現実の描写は映像に及ばない。しかし、ことばで伝えようとする対象はその素材自体ではないから、認識の在り方ひとつで表現はさまざまな姿を呈する。「木のそばに人が立っていた」と書くのは、木の種類や人の姿を秘するためにあえて曖昧にするわけではない。作品上、その場面でイメージを限定する必要がないという判断なのだろう。ある部分はラフに、必要があれば詳細に描写し、表現の精度を調整しながら、言語作品は濃淡をつけて展開する。

そのため、優れた文章には、ラフなデッサンから密画まで自在に描き分ける筆力が求められる。それは日常の深い観察と鋭敏な感受性に裏打ちされてこそ可能になるのだろう。必要に応じて表現し分けるには、まず感じ分けなければならない。表現対象の微妙な違いとその陰翳《いんえい》、気持ちの濃《こま》やかなニュアンスを認識できるだけの鋭い感覚を鍛え、繊細な感情を育むことが必要だ。同時に、思ったことのニュアンスをきちんと表現できる卓越した言語能力をみがきあげることが肝要である。

尾崎一雄は『擬態』で「じんじんと音を立てて湧き上る怒り」を感じとった。円地文子は『老桜』で「日本の女の年とった顔には人知れず黙し殺して来た愛憎や意欲が深い皺に畳まれ」ていることを見抜いた。上林暁は『野』に「櫟《くぬぎ》林は火事のような赭《あか》さに燃え、乾いた葉ずれの音を立てていた」と自然を描きとった。北杜夫は『夜と霧の隅で』に「ひからびた声帯を単に空気が吹きぬけてゆくといった声」を感覚的に聴きとった。

思いもかけないこんな表現がひょいと飛び出すのはなぜだろう。おそらくそれは、肌理《きめ》こまかに感じ考える日常、その深いゆたかな日本語生活の長い積み重ねがあってのことだろう。むろん、感じたことはことばの形をしていないから、なかなか思いどおりには書けない。だが、それでも可能な限り読み手とイメージを共有するために、感じた内容と表現との精度が一致し、みずから納得できる文章に近づけたい。

そのためにこそ、構えずにふだん話す調子でざっくばらんに書く「言文一致」を超えて、感じたことがそのまま文章となる、いわば「感文一致」の境地をめざそう。それには、洗練された鋭いことばのセンス、勁《つよ》くしなやかな表現力が求められる。が、その前に、対象をしっかりと見すえ、その襞《ひだ》の奥までも照らし出す感性が必要だ。すべては、その勘と意欲から始まるのだろう。

文字を選ぶ贅沢

中国語はすべて漢字で書く。英語もドイツ語もフランス語も、大文字と小文字の違いこそあれ、すべてアルファベットでまかなう。その点、日本語は文字の豊富な言語だといわれる。日本の文字として正式に認められているのは、漢字と平仮名と片仮名の三種類だが、日常生活ではそれ以外の文字もよく見かける。漢字の一や二よりも、その代わりに1や2というアラビア数字を使うことが多く、時にはⅠやⅡというローマ数字の大文字や、ⅰやⅱというその小文字を用いることもある。数字だけの例外ではない。A、B、D、Fのようなアルファベットの大文字や、a、b、d、fのようなその小文字も使う。αやβのようなギリシャ文字の小文字を見かけることもある。小川洋子の小説『博士の愛した数式』には愛称を√と書くルート少年まで登場する。

文字使用のゆたかさは、融通無碍《ゆうずうむげ》の正書法にも及び、片仮名は外来語という慣用を破って「漢字・ひらがな・カタカナ」と表記することも可能。名が体を表して案外わかりやすいかもしれない。遊び心を働かせた実用的なおしゃれだ。名簿を眺めていると、珍しい姓名が目に入る。「中禮空」「東江菜の葉」という字面の若者に教えたことがある。「そら」が男子学生の名で、「あがりえ」と読むのが女子学生の姓だった。「薬袋」と書いて「みない」と読む姓の学生にも出あった。妙に勢いを感じる「喜古」だとか、「恵谷」という空気みたいな教え子もごく近くにいる。どこかで「幸福輝」という文字を見た記憶もある。たしか名は「あきら」と読ませるらしい。しあわせいっぱいに輝いて見えるから不思議である。

たわむれに「寧歌夢楽安綺羅」とでも宛てれば、わが名もひときわ映えるかもしれない。「ナカムラ」と名のれば日系人と思われるにちがいない。論文ではきちんと「中村」と書かないと学術的な感じがしないが、軽いエッセイなら「なかむら」と仮名書きするとやわらかく響きそうだ。「中むら」と交ぜ書きした看板を見ると、料亭か何かの雰囲気が漂うような気がする。どれも日本語ならではの文字遊びといえるだろう。

相手が何と言ったのか明確に聞きとれなかったとしよう。その場合、耳に入った音の記憶をたどり、英語でないとわかっても「ジャック」と片仮名でメモすることが多い。意味はぴんと来なくとも、そういうことばを発したことだけはたしかだと思えば、「じゃっく」と平仮名で書きとりそうだ。そして、ああキャッチフレーズのことだなと意味をきちんととらえたという自信があるときに、初めて漢字で「惹句」と書き記す。そんな傾向があるような気がする。つまり、図式的に単純化すれば、漢字は「意味」を伝え、平仮名は「ことば」を伝え、片仮名は「音」を伝える。日本人にはそんな意識が強いようだ。

そのため、日本語では表記が語感を左右することがあり、それを活用して特殊な意味合いを伝えようとする試みも少なくない。「ふらんす語」と書くことで語学校のやさしい空気を漂わせたり、「仏蘭西料理」という看板で店の高級感を演出したりする例を街角で見かける。「卒業論文」を仕上げるのは相当の努力を要しそうだが、それを「卒論」と略せばいくらか気が楽になる。さらに「ソツロン」とカタカナ表記することで、四百字詰め原稿用紙八枚も書けば通りそうな軽い雰囲気に化ける。

同じことばでも、どういう漢字を宛てるかによって、印象も意味合いも揺れ動く。雑誌の作家訪問の連載企画の折に、当人から直接聴いた例を紹介しよう。一九七六年三月二十五日、里見弴は鎌倉扇ヶ谷の自宅で、「稚拙」と書いて「へま」と読ませる宛て字が好評だったとうれしそうな顔をした。一九七六年七月三十日に瀧井孝作は東京八王子の子安町の自宅で、「怠惰」と書いて故郷の飛騨方言「なまかわ」とルビを振る例をあげ、「生皮、そりゃすごいことばだな」とつぶやいた芥川龍之介の反応を話題にした。一九七五年十一月十四日に東京日比谷公園前の帝国ホテルに吉行淳之介を訪ねた折、吉行作品で「からだ」を「軀」と書く例が多いことを話題に出すと、この作家は「女のからだはあの形が一番よく合っている」とそのわけを説明したあと、もっとも「僕の作品に出てくる男はみんな病弱なもので、やっぱりあれで間に合うんですね」と笑った。漢字は意味を指示するだけでなく、その語感で雰囲気をも表現し分ける働きをするのだろう。そういう機微に疎いパソコンで、ある日「のめりこんで」と打ったら「飲め離婚で」と変換されて面くらった。正真正銘の実話だ。階下でそんな悩みを知らない細君の庖丁《ほうちょう》の音が軽やかに響く。

『芸術は何のためにあるか』と題した一文で、伊藤整が意図的に「ワイセツ文書ハンプ罪」と表記したのも、そういう変身を狙ったのではないか。「猥褻」も「頒布」も、こんなふうに片仮名になっては明確な意味がぼやけ、権威が失墜する。「文化クンショー」「警視ソーカン」と書くことで、こんなふうに揶揄《やゆ》の対象と化するのだろう。

戦後の混乱期を諷刺的に描いた『汽車の中』で、小島信夫は「人げんの尻」と書いた。片脚を上げたら最後もう元の状態に戻せないほどぎゅうぎゅう詰めの車内で、「片手、片脚しか汽車の上にはない」という状態だ。「人げん」というまぜこぜの表記を採用したのは、それが「人間」に値しないという判断からだろう。「不本意」を「不ほんい」と記し、関係や感激を「かんけい」「かんげき」と仮名書きするのもそういう狙いらしい。一九七六年の一月十三日に東京御茶ノ水駅近くにある駿河台の山の上ホテルでインタビューした折、当時、明治大学教授でもあった作者の小島信夫自身が、あれは漢語への不信感、権威に対する抵抗の姿勢だったと当時を振り返った。

川上弘美の『センセイの鞄』は「正式には松本春綱先生であるが、センセイ、とわたしは呼ぶ。「先生」でも「せんせい」でもなく、カタカナで「センセイ」だ」と始まる。主人公の女性にとってその人物は恩師というような濃密な関係ではない。昔たしかに古典を教わった記憶はあるものの、居酒屋で呼びかけられて、とっさに相手の名が思い出せず、やむなく単なる「センセイ」でごまかした。この場合、相手をさす記号みたいなものとして、無機的な片仮名がうまく機能しているのだろう。

同じ作者の『溺レる』という奇妙な表記の小説には、「カタくカタくイダキあったりアイヨクにオボレたりしてもいいんじゃないの」という意図的に漢字を避けた一節も現れる。片仮名の質感を巧みに利用して、「愛欲に溺れる」ということばの感覚的・感情的な面を後退させ、みごとに生ぐささを消した。まさに文字のマジックである。

ことばで遊ぶ愉しみ

日本語の特徴を有効利用する試みは、表記の選択で印象を操作するだけではない。同音異義語の豊富な特色を生かして、表現の裏にもう一つの意味を忍び込ませる掛けことばもその一つだろう。日常生活でも盛んに試みられ、手軽に笑いを誘ってきた。古くは、「花の色はうつりにけりないたづらに我身世にふるながめせしまに」という小野小町の一首がある。「ふる」に年が「経る」と雨が「降る」、「ながめ」に「眺め」と「長雨」とを響かせることにより、二つの意味を、表と裏の関係で同時に汲みとることを可能にしている。

時代は下って、「世の中は蝶々《ちょうちょう》とまれかくもあれ」という西山宗因の一句は、「とまれ」の箇所に「止まれ」と「ともあれ」という二つの意味を響かせることにより、世の中いろいろあるが、それはどうであれ、という句意の中に、「蝶々止まれ」を組み込む趣向だ。

「恐れ入りました」の意を、「恐れ入谷《いりや》の鬼子母神」と言い、その手には乗らないという意味で、「その手は桑名（食わな）の焼き蛤《はまぐり》」などと言う無駄口は、近代に至るまで庶民の間で盛んに使われてきた。どちらも類音の地名を詠み込んだ、気の利いた言いまわしとして、表現の無駄を楽しんだのだろう。

そういう古典的な例は今や職人の間でもはやらない。ためしに使ってみても、もう通じない。通じても誰も笑わないだろう。ただし、慣用的でない「海豚《いるか》なんて居るか」とか「カレーはやっぱり辛えや」とかと無理をした創作的な例なら、時に大衆の笑いを誘うようだから、掛けことばを楽しむ国民性が失われたわけではないらしく、ほっとする。

うっかり間違えた誤字の例は、気がついても通常呆れるだけで、めったに笑うほどのことはないが、できあがった字面がもっともらしいと、眺めていて可笑《おか》しくなってくる。「鰻《うなぎ》の洋食（養殖）」「親不幸（不孝）」「仮装（下層）階級」「脅迫（強迫）観念」「強要（教養）講座」「口臭（公衆）衛生」「脂肪（死亡）届」「無痛糞便（分娩《ぶんべん》）」「論理の秘薬（飛躍）」「和魂洋裁（洋才）」のような選りすぐった誤用例ともなれば、なにやら意味ありげで、眺める人によってはかなり誘笑効果が高そうだ。中には審査員に傑作と評価される労作もあるのかもしれない。

年賀状に毎年凝りもせず、わざわざ「干支セトラ」なるコラムを用意し、その年の干支《えと》にちなんだ駄洒落を得々と並べる奇人がすぐ身近にいる。酩酊だか迷亭だか明亭だか、俳号らしきものがあるようだから、よほど酒とヒネることの好きな閑人らしい。なぜか縁あってわが家に届いてしまった賀状から、強引にヒネり出した苦しい実例を少々紹介しよう。

寅年には、「本名は虎林大雅、筆名は寅彦。ツン虎地帯のスマ虎に生を享《う》け虎ファルガー岬で産湯を使い、那智のヒッ虎との縁続きと曲解されて虎馬となった虎ブルメーカー」。卯年には、「兎の種類として因幡の白兎、占め子の兎、ウサ子ちゃんと海などが知られるが、その他、新発見の品種と棲息地《せいそくち》を列挙する」として、「ウサ八幡（大分県）、ウサ晴らし（酒場）、援助こウサい（ヒヒおやじ）、きょウサい家（拙宅）、渋江ちゅウサい（観潮楼）、山田こウサく（この道）」など、ウサんくさい情報が満載だ。

巳年には、「放言学の権威として知られる蛇足研究所の戸黒博士の珍説によると、広義の蛇はその棲息地により、関東のダ類、近畿のヤ類、中国地方のジャ類に三分される」とあり、ある詩人から「戸黒博士によろしく」と返事が来たというのが自慢だ。戌年にはきまって「某犬談」と題し「名前はもうある。バウワウ泣いて居た事丈《だけ》は記憶云々」と書き出す。「先祖は漫画スヌーピーのモデル、ビーグル侯爵。名車ロイスを生んだ英吉利でも指折りの窮家いや旧家の出、祖父の代に請われて来日し日本国籍を取得」だとか、「主人は忘れた大学とか申す学校の教師だそうだが、書斎を覗《のぞ》くと欠伸《あくび》先生の綽名《あだな》どおり原則として涎《よだれ》を垂らして寝て居る」とかと続く。どこかで聞いたような語り口だと思うと、案の定「底本は創世記『吾輩は犬である』」とある。

未年には『和製羊語辞典』の新刊ならぬ震撼《しんかん》案内が載り、「羊雲」という項目には「丸みのある雲が帯状に並び羊の群れのように見える高積雲」というまともな語釈に始まり、「執事」に「江戸っ子の羊」、「未婚」に「雌雄の羊が未必の恋を経て結ばれる意」、「未練」に「羊が練り歩くさま」といった眉唾の解釈が並ぶ。チャールズ・ラム編でモートン社刊とある。酉年も同様で、「さんずいの酉」が「左利きの鳥」、「ユ酉ロ」が「余裕のありそうな画鳥」、「七五鳥」が「調子のよい鳥」、「愚の骨鳥」が「アホウ鳥の覇者」、「山村暮鳥」が「たそがれの詩鳥、本名は大井雲代」、「不随意禽」が「思うように飛べない鳥」、「エポ鶏」が「判断を中止するギリシャ鳥」、「ハーバード」が「女の溜息鳥」という怪説が披露され、「山梨鳥類研究所の八百鳥の会の調べ」とその出処まで明記してある。

どの賀状にしろ、読まされる側にとってはとんだ災難だが、とぼしい知恵をかき集めながらふうふう言って書いている人間はきっと生き生きしていることだろう。当人にとっては無理にひねり出すその得も言われぬ間《ま》が、それこそ至福のひとときなのかもしれない。

暮らしの中に技法のかけら

朝夕、犬同伴で散歩に出ると、いろいろな掲示が目に入る。路上に単に「駐車禁止」とあるのは駐車違反を取り締まる警察からのお達しが多い。駐車場の空いているスペースに勝手に車を置く人間もあると見えて、地主は「駐車ご遠慮ください」と掲示する。「遠慮」するかどうかは当人の意思できめるものであって、他人に強要されるいわれはないと考えるのか、あまり効果はないらしい。次に「無断駐車厳禁」と厳しくなり、それでも絶えないと、「無断駐車一回につき一万円申し受けます」と高額の料金を要求する札にエスカレートする。値段をさらに「十万円」まで釣り上げる手もあるが、違法性はないかと心配になったり、税務署に申告する必要があるかと気になったりするのか、それ以上の値上げはめったに見かけない。また、「一億円」と脅してみても誰も本気にしないから効果は期待できない。

そんなことを考えていたら、ある日、どこかに「自動車捨て場」という掲示が登場したらしい。表向き無断駐車を禁じていないが、そこに車を置けば捨てたことになるから、乗ろうとして車がなくなっていても、誰に文句の言いようもない。逆転の発想に感心した。ただし、その結果どうなったかは知らない。

昔、「狭い日本、そんなに急いでどこへ行く」という全国交通安全運動の標語があったようだ。日常茶飯事になっているスピード違反に手を焼いて、視点を変えて注意を促したのだろう。スピードを落とせと露骨に命じるより、この発想の転換はどこか粋に感じられる。

以前、道路際に「ここで死んだ」という立札を見かけたときは、どきっとした。「事故多し」程度では生ぬるいのなら、通常は「死亡事故発生地点」とでも表示するところだろう。そのほうがまだ穏やかだが、ぎょっとさせるだけ、注意を引く効果はさらに大きいだろう。ただし、そんなのがやたらに立った日には、新しい卒塔婆を眺めながら墓場を通るようで、散歩の気分どころではない。

立札や交通標語などは、そこそこの気品を保ちながら実効性のあるのが理想だろう。大昔、「この土手に上るべからず」と書き、「警視庁」と添えた立札を見かけたらしい。意図的かどうかは不明だが、結果として全体が五・七・五となっており、口調はなめらかだ。「落とせスピード、落とすな命」という技ありの標語を見かけたこともある。「落とす」という動詞を別の意味でくり返しながら、三・四、四・三の七・七にして口調よく仕上げたあたり、ちょいと小粋な出来ばえと言えるかもしれない。

ある時期、「飲んだら乗るな　乗るなら飲むな」という標語をよく見かけた。情報としては、飲酒後は車の運転をするな、運転するつもりならアルコール飲料を口にするなというメッセージにすぎないが、いくつもの表現技術を駆使した労作だ。第一に、アルコール飲料を摂取することを単に「飲む」、乗車一般ではなく、自動車を運転することだけを単に「乗る」と表現することで象徴させる手法により、すっきりとした姿に仕立てている。第二に、その「飲む」と「乗る」とを逆順にくり返す《倒置反復》という技法により、独特の調子を打ち出した。第三に、前半も後半も「……するなら……するな」と条件プラス禁止という同じ構造の構文をくり返すことで、対句のように耳に心地よく響く。

さらに細かく観察すれば、第四として、その結果、同じa音の「……ら、……な」の反復となり、脚韻を踏む効果が加わる。今度は最初の音に注目すると、「飲んだら」「乗るな」「乗るなら」「飲むな」というふうに、第五として、すべてノ音で始まる頭韻を踏む結果となっていることがわかる。もう一つ、リズムに注目すると、第六として、前半の「飲んだら」と「乗るな」、後半の「乗るなら」と「飲むな」とが、いずれも四音プラス三音となっており、七七調のリズムを刻んでいることが判明する。呆れるほどの口調のよさはそれらの総合効果として実現したものと考えられる。

もう一つ、今度はそういう明確な音響的な整合性とは異質な、思考表現のすっきりとした姿の粋を味わってみよう。いつか電車の中吊り広告で目にした「捨てる人は拾わない」と「捨てない人が拾っている」とをさりげなく対置して、公衆道徳を喚起する標語である。どちらも「人」という一つの名詞と「捨てる」「拾う」という二つの動詞を組み合わせたよく似た構造の文だが、正反対の情報を伝える機能を果たしている。

この次に「あなたはどちらのタイプですか」と個人的に問いかける手もあるが、そうすると皮肉に響いて刺激が増し、あたりがきつくなる。といって、所かまわず物を投げ捨てると他人の迷惑になるとまともに道理を説くのでは、相手をまるで子ども扱いにすることとなり野暮に響く。また、今そこに何か捨てた人、いったい誰がそれを片づけると思うのだ、とどなったのでは、その無神経な人間の反発を買うことだろう。そうかといって、街をきれいにしましょうなどと、抽象的な表現で呼びかけてみても、相手が無神経では通じにくく、実効が期待できない。

この例は、「捨てる人は拾わない」という文と「捨てない人が拾っている」という文とがただ並んでいるだけだ。その矛盾をとがめる文句も、だからどうしろという主張も、そういう押しつけがましいことばが何ひとつ記されていない。そこがポイント、相手にはすべてわかっているのだから。状況を描くだけで、それにこめた思いをすべて、読み手にゆだねるストイックな表現姿勢である。この世の中、まだ捨てたものではない。これだけで通じるのは、日本人の心に、シャイな日本語の伝統がまだ細々と残っているからである。

照れ隠しのいたずら・おとぼけ

言語表現の技術はむろん文学の場に限ったものではない。事実、広く日常生活の中にもさまざまな試みが見られる。中には、効果など考えず単に苦しまぎれということもある。

小学校の六年から中学一年にかけて病気で十ヶ月ほど学校を休んだ。なにしろ金がなかったので、薬も買えず、ひたすら寝ながら自然治癒を待った。医大生だった兄貴の先輩が帰郷した折に診察まがいの手つきを披露したこともあったような気がするが、これは卵だから、本物の医者と接触したのは、診断を仰いだ初回のみである。そんな懐ぐあいの中、なぜか母はたまに古本を買って来て枕もとに置く。尾崎一雄の『父祖の地』を読んでみると、医者も薬も断って笑って死んでいった祖母の話が出てきたりする。吉田紘二郎の『武蔵野記』を開くと、世捨人は「自分の仕事に精進したいために世を避けた」

のであって、存外忙しい生活だったかもしれないなどと、なにやらむずかしそうなことが書いてある。これまで親しんできた落語や講談の全集とはちょいと違うぞと驚いたかもしれない。文学めいた文章というものを何となく感じたのはその頃からだったろうか。のちに著書の「あとがき」でそんな母の思い出にふれた一文を『薬代わりの古本』と題した。

田安徳川家の末裔《まつえい》にあたる、国立国語研究所時代の同僚、徳川宗賢先輩に國語學會で研究発表するように勧められ、分不相応と即座に断ると、還暦の頃に今度はその全国大会で講演をせよとの君命が下り、あっけなく落城した。その後、大病を経て禁酒禁煙していたはずの殿が、ある宴席でどちらも完全復活しているのを見て、露骨に驚いてみせると、まあ、まあと大きな手で遮る。「人生楽しく生きなくっちゃ」と先手を打つと、「そう、いう、こと」とスタッカートで応じ、照れくさそうに片目をつぶった。それが最期になろうとは。

昔、国家公務員の身分でアメリカでひと夏、全国から集う大学生に日本語を教えたことがある。ウエルシュという女性の代用教員に漢字の名を所望され、とっさに「飢酒」と書いて素知らぬ顔で渡す。アシュビーという金髪の青年はTシャツに「足指」と染め抜いて得意になっている。ドンナ・サガミという日系三世の女性バイリンガル秘書を「相模の旦那」と呼んで親しんだ。イエガーというドイツ系の下駄履きの秀才など、自分で「姓はイエガー、名はビンボー」と得意そうに鼻をうごめかす。そんな連中を相手にする午前中の授業は教室だが、午後は個人教授の時間となり、芝生に足を伸ばして『吾輩は猫である』や『山の音』を読みながら、気楽に無駄話を楽しむ。

初冬のある晴れた日、早稲田大学の語学教育研究所で外国人留学生に日本語を教えていて、ふとその頃を思い出した。たまには青空学級もいいかと、教室から大隈庭園に繰り出した。ぽかぽかと暖かく、さいわい人影のない庭の芝生に輪になって、連中にひとわたりスピーチをやらせ、あとは日本語の実践とばかり自由な会話に開放した。縁から従業員が時折のぞくものの、国際色ゆたかな談笑の輪に心なごむのか、目を細めている表情に見える。好い気分で食堂に座を移し、珈琲と洋菓子をふるまってしばし歓談、一同上機嫌で帰途につくと、庭園の入口に「冬季につき立入り禁止」と墨書してあった。

その軽い随筆のタイトルを『知らぬが仏』としたのはそのためだが、この失敗談をそこから書き出したのでは誰も乗ってこない。ここは素知らぬ顔で話を始め、そんなこととはつゆ知らぬ書き手の気持ちの推移を、読み手にもじっくりと味わわせたい。話の進め方にひと工夫こらすのは、存分に楽しんでもらうための、ちょっとしたいたずらと考えてもいい。

昔から改まった挨拶が苦手で、堅苦しい集まりには近寄らないことにしている。時に危険が迫っても、そのつどひらりひらりと体をかわし、極力そういう場を避けてきたような気がする。それでも、大学院の専攻主任なり研究センターの所長なり、しかるべき役職がまわってくると、挨拶そのものをまったく回避するわけにもいかなくなる。

それでは先生のご発声でと、乾杯の音頭を取るように求められ、「それでは一言」と受けて、何の前口上もなく文字どおり一言、「乾杯！」と発声してグラスを差し上げ、呆れられたこともある。真面目くさって型どおりの挨拶をするのが照れくさいのだ。

ある時は、初めに一言ご挨拶をと促され、いきなり「はなはだ簡単ではありますが、これをもちましてご挨拶に代えさせていただきます」と始め、それだけでお辞儀をして引き下がったこともある。いかにも人を食った態度に出るわけだから、初対面のお偉方なら、小馬鹿にされたと立腹しかねない。だが、どちらの場合も相手は顔なじみの先生方ばかりだから、化けるほど齢《とし》を重ねていまだ稚気が抜けず、意地でも大人になろうとしない、そんな純真な変人を憫笑《びんしょう》する、なごやかな雰囲気が一場を支配した、ような気がする。

大学院文学研究科の教授会で定年退職の挨拶をする場合ともなれば、いくら何でもそういうわけにはいかない。そこでやむなくとっさに体調不良となり、挨拶の手紙を托した。これでめでたく発話の機会をひらりとかわし、そのまま何事もなく大団円となるはずだった。ところが、あとで聞くと、委員長が会議の席でそれを朗読したと言うではないか。そう聞いて少々あわてた。文面に謎めかしてほのめかした、わが身をとりまく容易ならざる事情が全教員に知れわたる怖れが生じたからである。所長として日本語センターという「小部屋」の悩みを実感し、と、ことさら学内における研究所という存在の不当な立ち位置を訴え、大学院の専攻主任として日本語日本文化という「外様専攻」の「山あり谷あり谷あり谷あり」という悲哀を味わったと、あえてふざける形で、やがて暮れゆくたそがれの専攻の挽歌を語ったりした。あるいは、このところ年たった一コマの講義で、わずか四年間に、実に延べ二千人もの文学部学生の前で講義した計算になる事実を、ことさら「講演」とちゃかしたことなどを含め、そんないくつかの刺激的な言いまわしが耳もとで皮肉に響くかと案じたのだ。しかし、さいわい、文面ではそのあとに、たしか、「そういう冷やかな風景も今では記憶の片隅に細々と名残をとどめているにすぎません」と霞《かすみ》をたなびかせたことを思い出して、ほっとした。

ほどなく、早稲田大学国文学会の冊子に、思い出を綴るエッセイを求められた。小金井のわが家から犬と連れ立って散歩に出ると、一分もしないうちに三鷹市に入る。ある日、そのまま東へ十分ほど歩いて、ぼつぼつ引き返そうかと戻りかけたら、犬が立ち止まって門柱の匂いを嗅ぐ。なにげなくその家を眺めると、なんとなく以前どこかで見たような気がする。表札に「栁田」とあるのに気づいた瞬間、はるか遠い記憶がひょっこり顔を出した。「栁」は「柳」の俗字体だ。

卒業論文の指導を受けた恩師の波多野完治先生に、ことばで文学を読み解く文体論の分野の研究を進めるには大学院のどのゼミをめざすのが最適か、近代文学の大家柳田泉教授の意見を仰ぐようにという指示を受け、三鷹の自宅を訪ねたことがある。久我山から井の頭線で吉祥寺に出て、そこから凸凹道を延々とバスに揺られたような記憶がうっすらと残っている。次年度から東大の時枝誠記教授が早稲田で国語学のゼミを開くからそこに進むようにという助言を頂戴し、それに従ったことを思い出した。柳田教授はすでに定年退職されていたから、お目にかかったのはその一度だけである。そんな思いがけない偶然を記した追憶の記を、『半世紀前への散歩』と題し、「外見は当時のまま残っている柳田邸の前に、犬とともにしばらく立ち尽くしていた」と結んだ。

古い記憶をたぐり寄せるきっかけをくれたこの犬も、高貴な好齢者に近づくにつれて椎間板ヘルニアがひどくなり、とうとう東大病院に入院した。教授の執刀になる手術は成功したらしいのだが、腰が立って歩けるまでに至らず、お犬様専用の「綱吉の湯」と称する施設に通ってリハビリを開始した。生まれて初めてのプールなのに最初からすいすい泳ぐのには感動した。

文豪ならぬ犬豪のディケンズ、さすが名声どおり、主人の膝の上からワープロで読点を打ったのはいいが、当時は句読点のルールをマスターしておらず、「行の、頭」となったことが惜しまれる。家族連名の年賀状にDickensとその犬の名を加えたら、天下の長谷川泉先生からの返事に「ワンちゃんでしょうか」と書き添えてある。犬でないとすれば、碧《あお》い眼のホームステイでも想像したのか知らん？

そこで翌年は誤解の起こらぬよう、音を模して「D犬」という表示に改めた。これで一件落着のはずが、横書きのせいか今度は「吠」という漢字と誤読されやすいと、そんな思ってもみなかった忠告をする、半沢幹一という比喩研究で知られる大学教授が出現した。これだから人生は先がわからない。そんな話題を並べたエッセイは、寡黙に、しっとりと『犬のいた日々』と題した。

どれもこれも、表現の工夫と言うとおおげさだが、ことばで遊びながら、きっと読み手の耳もとで、そんなふうに語りかけてみたかったのだろう。

ものの見方の開拓

次からの十六の章にわたり、さまざまな表現の技法について、その言語操作の手段の面から分類し、どのような手法がどういう効果をあげるかという観点から、文学作品の具体例を分析し鑑賞する。序章の最後に、そもそも人間は何のために表現を練り、そのような言語技術を駆使するのかという、基本的な問題を考えて、各章への橋渡しとしたい。

表現に気を配る上での最も情けない目的は、派手な技巧的表現をちりばめて読者を驚かし、みずからの表現力をひけらかす狙いだろう。本来これは人間性の問題だから論外のはずだが、誰でも気持ちのどこかにそれに似た野心もいくらか潜んでいるかもしれない。

品格を保つことで自分の体面を維持するという狙いは、当人が特に自覚しなくても世の中には実際に幅広く行われている。卑猥《ひわい》な題材を回避し、際どい話題で露骨な言い方を避けて婉曲な表現を心がけ、「である」体で統一して文末に落ち着きを与え、時には受身表現で客観化を図り、欧文脈を駆使して斬新に見せかけ、同じ単語をくり返さずに類義語で多彩な文章に見せるという程度の配慮なら、それこそ至るところに見られるだろう。才気煥発《かんぱつ》の二十四歳の青年、三島由紀夫と名乗る天才的なレトリシャンは、初期の『仮面の告白』に「片意地」と書かずに「狷介《けんかい》不屈」と書き「狂おしい詩的な魂」と続けた。「持病」ではなく「痼疾《こしつ》」を、「馬鹿騒ぎ」ではなく「狂躁《きょうそう》」という語を選んだ底にも気負いを感じる。

ブックデザイナーの栃折久美子は、本造りの達人チェケルールの指導を受けるためのベルギー訪問の記録『モロッコ革の本』を「まったくいまいましいあの飛行機のせいで、私はひどく疲れたままブリュッセルに着いた」と始めた。文章の展開とともに作品の性格が次第にその姿を鮮明にするという先入観を打ち砕くように、体質まるだしで圧倒的に襲ってくる書き出しだ。読み出すとたん、まるで自分の頭の中で誰かが呟《つぶや》いているように、その声が読む者の神経にじかに絡む。もしも「私は機内の騒がしさのために」と書き出されていたら、体内を撫《な》でられる感じはきっと薄れていたことだろう。無造作に本を開くと、乾いたスポンジのような読者の頭に、いきなり生温かい呼気とともに「まったくいまいましい」と唾が飛びかかる。そのまま「あの飛行機」と、何の文脈もない冒頭に、共通理解を前提とする「あの」という指示語が唐突に現れ、読者との間に本来存在しない共通理解を強引に押しつけられる。その馴《な》れ馴れしい顔つきに呆れながらも、書き手の私的な思考と感情の現場に引きずり込まれる。

すぐ後の、どんな飛行機かの説明もないまま、「それにしても、あんな飛行機には」と展開し、「なにしろ喧《やかま》しかった」と追いかける箇所も力ずくで持たされる文脈にすぎない。さらに、「酒びんが……受け渡しされる」「合唱を聞かされる」と、被害を表す受身で、しかも現在形の文末表現が連続することで、それらはもはや過ぎ去った出来事ではなくなり、対象との時間的な距離は一挙に短縮して、書き手と読み手という「われわれ」の前でその行為が目下進行中という印象が深まる。読者も渦中の人としてともに眉をしかめねばならない。

どこまで意識的だったかはわからないが、こういう入り方が、読者をいきなり作品世界にどっぷりと浸らせる効果をもたらした事実は否定できない。圧倒的に私的なおしゃべりでとめどなく流れることの作品に、読者が吸い寄せられるのは、口ずさむことばの律動の奥に、耳を澄ますと聴こえる精神のリズムのせいだろう。名人芸にふれるアルチザンの驚嘆と戦慄と吐息というかすかな〝けはい〟を表現の底深く感じとるからである。

森鷗外は『阿部一族』で「四月二十九日に安養寺で切腹した。五十三歳である。藤本猪左衛門が介錯《かいしゃく》した。大塚は百五十石取りの横目役である。四月二十六日に切腹した。介錯は池田八左衛門であった」という調子の文章を長々と記録するのだが、時にこんな一節を折り込んで読者を釘づけにする。

「母は母の部屋に、よめはよめの部屋に、弟は弟の部屋に、じっとものを思っている。主人は居間で鼾《いびき》をかいて寝ている」と寝ている当人が切腹する当日の家のようすを描き、「食事の支度は女中に言いつけてあるが、姑《しゅうとめ》が食べると言われるか、どうだかわからぬと思って」「聞きに行こうと思いながらためらってい」る嫁の息づかいで「一時《ひととき》立つ。二時《ふたとき》立つ。もう午《ひる》を過ぎた」と文を刻む。正確無比の歴史の中に息が吹き込まれる瞬間だ。歴史そのままのはずだった作品世界に、一瞬、人影がさし、情が流れる。しかし、それはネガのような抒情である。変化をつけて読者を飽きさせない、ひょっとすると鷗外らしい目立たぬ配慮だったかもしれない。

古来、対象を美化する目的で用いてきた表現技法も多い。谷崎潤一郎の長編『細雪』の舞台、蘆屋《あしや》に住む蒔岡家の花見の行事は、毎年、二日かけて行われ、いつも平安神宮でクライマックスを迎え、そのまま幕となる。それは「この神苑《しんえん》の花が洛中《らくちゅう》における最も美しい、最も見事な花」であり、「円山公園のしだれ桜がすでに年老い、年々に色あせて行く今日では、まことにこの花を措《お》いて京洛《きょうらく》の春を代表するものはない」からである。「あの、神門をはいって大極殿を正面に見、西の回廊から神苑に第一歩を踏み入れた所にある数株の紅枝垂《べにしだれ》、――海外にまでその美を謳《うた》われているという名木の桜が、今年はどんな風であろうか、もうおそくはないであろうかと気を揉《も》みながら、毎年回廊の門をくぐるまではあやしく胸をときめかすのであるが、今年も同じような思いで門をくぐった彼女たちは、忽《たちま》ち夕空にひろがっている紅の雲を仰ぎ見ると」と、作者の筆致は最高潮に達する。満開の桜花を「紅の雲」に喩えるのは日本文学の伝統的な発想であり、けっして斬新ではないが、逆に安定した様式美が生まれる。それが京の花見という作品場面にしっくりとはまり、「この一瞬の喜びこそ」という高い調子も浮き上がらない。谷崎はそこに、「花の盛りは廻《めぐ》って来るけれども、雪子の盛りは今年が最後ではあるまいか」と、幸子が、良縁に恵まれぬまま三十歳になってしまった妹の顔を「見るに堪えない気がする」ことを書き添え、華麗なイメージの底に哀愁を漂わせてしっとり描きとる。こうして、華やかさが深みを帯びる。

ある表現対象の色彩を「青」とか「緑」とかと書いたのではイメージが合わないと考えると、那須紺、古代紫、菫《すみれ》色、藤紫、鉄紺、群青《ぐんじょう》色《いろ》、新橋色、浅葱《あさぎ》色、青磁色、深緑、若竹色、抹茶色、草色、萌黄《もえぎ》色、若草色、鶯《うぐいす》色などと対象語彙を広げる。「あかい」では不安な場合は、「赤い」「紅い」「朱い」「褐い」「緋い」などと用字の違いでイメージに近づけようとし、さらには「鈍い紫」「冴えた赤紫」「暗い灰色がかった青」「あえかなピンク」などと修飾語を添えて接近を図る。いくら説明しても気持ちが落ち着かない場合は、「海は漆のような青い色」(林芙美子『浮雲』)、「柘榴《ざくろ》のような赤」(稲垣足穂『弥勒』)、「ひどく小さな眼は、ニカワのような黄色みをおびて」(安岡章太郎『海辺の光景』)というふうに比喩表現の力を借りて接近を図る。このような表現過程を言語手段という観点から見れば、用語の問題、用字の問題、形容の問題、それに比喩の問題も関連するが、どの表現選択も、結局は自分のとらえた対象のイメージを相手にどこまで正確に伝達するかという一つの目的にたどりつく。

のちほど《**韻律の快感**》の章で言及する上野動物園近くの円地文子邸訪問の折、立場もわきまえず不躾《ぶしつけ》ながら、現代語としていささか違和感を覚える表現を指摘し、作者自身の意図を探ろうとした。まず、『なまみこ物語』に「美しい声に詠じた」という例で、助詞を「で」でなく「に」としたのは古風な響きを大事にするためかという問いには、即座に「自然発生的なものでしょう」という答えだった。源氏物語の現代語訳を実践する作家だけに、おのずと出てきたのだろう。同じ作品に出る「下《した》襲《がさね》の紅の鮮やかに匂っている袖口」という例では、現代語としては嗅覚に用いる「匂う」という動詞を、古語の「にほふ」と同様、視覚的に使った意図を問うと、「ほかの言葉では具合の悪い時なんかに」「古語的な意味も交えて」「使いたい時がある」のだと言う。

また、『花散里』の末尾に出る『まだ何か生きのこしている』という見慣れない言い方に関し、「『生きのこる』だと何だか生かされてる感じで、その点、この『生きのこす』ということばは、生きることに対する意思みたいなものをうまく伝えてると思う」と水を向けると、「それは私がこしらえてるかもしれませんね」と認め、「私としては実感なんですよ」と振り返った。とすれば、「生きのこる」という既成の言いまわしにしみついた「生かされている」という受け身の感じが、そこで作者自身の伝えたい気持ちにそぐわないために、自動詞部分を他動詞に変形することで、生きることに対する意思を是非とも表現しようとしたのだろう。つまり、既成の表現になじまない新しい意味合い、いわば発見的な認識を伝えるための積極的な逸脱だったことになる。

芥川龍之介は『文芸的な、余りに文芸的な』で新感覚派について論じながら、藤沢桓夫の「馬は褐色の思想のように走って行った」といった表現を典型例とする感覚の飛躍より、碓氷山上の月を眺めた時、一緒にいた室生犀星が突然、「生姜《しょうが》のようだね」と呟《つぶや》いたことのほうに感覚の新しさを感じると述べた。よくよく見て、「如何《いか》にも妙義山は一塊の根生姜にそっくりであることを発見した」とくり返すほど、それは実感だったにちがいない。

従来、「比喩」というと、あるものをそれに似た他のものに喩えると説明されてきた。なるほど「林《りん》檎《ご》のような頬」という比喩表現なら、若くて健康そうな人の赤みを帯びた頬の色艶が、おいしそうに色づいた林檎の実のつややかな肌を連想させるのはごく自然である。昔から慣用的に使われてきて今では陳腐な感じのするそういう例を別にすれば、一般に喩えるものと喩えられるものとがもともと似ていたわけではない。誰かがそういう見方を示すことで、初めて意識させられる共通性なのだ。つまり、あらかじめ存在している類似ではなく、発見されて初めて気づく類似なのである。「妙義山」と「生姜」との関係も例外ではない。もともと似ていたのではなく、犀星がそこに類似を発見してことばを発した瞬間から似たように思い始めるのだ。表現をきっかけにして他の人間も思いを共有できるのである。

のちに《多様な比喩》の章で言及するが、やはり犀星が「顔」を「うどん」に喩え、「詩」を「小説の息」に見立てた例も、まさに発見的な類似に相当する。川端康成は『雪国』でヒロイン駒子の「唇」を「蛭《ひる》」に喩えた。「小さくつぼんだ唇はまことに美しい蛭の輪のように伸び縮みがなめらかで、黙っている時も動いているかのような感じ」だという。濡れ光って美しいなめらかな唇を美化するのに、不気味な「蛭」をイメージに持ち込んだ大胆な比喩だ。ぬめぬめした唇の吸いつきそうな妄想が一瞬、作者の脳裏をかすめたかもしれないが、「唇」と「蛭」とはもともとなんら似た存在ではない。この小説によって発見された類似である。

芹沢光治良の『巴里に死す』には「碧《あお》い空のかけらのように澄んだ眼」という例が出る。上林暁の『薔薇盗人』には「薩摩芋《さつまいも》のようにいびつに赤肥りした大きな顔の端っこのほうに、飯粒のように白くくっついた小さな眼」というコミカルな比喩が顔を出す。これらも、幸田文が『流れる』で「重い厚い花弁がひろがってくるような、咲くという眼なざし」と書いた例にしても、類似の新たな発見である点は同様だ。岡本かの子が『母子叙情』に開陳した「初夏の晴れた空に夢のしたたりのように、あちこちに咲き迸《ほとばし》るマロニエの花」という思いがけないイメージの比喩にしろ、どう考えても現実の類似を描きとったものとは思えない。そもそも「夢」などというものは「滴る」はずはないからである。

梶井基次郎が『のんきな患者』で「睡眠は時雨空の薄日のように、その上を時どきやって来ては消えてゆく」と書いた比喩表現における「睡眠」と「時雨空の薄日」との関係にしても、そう指摘されない限り、自発的には永久に気づくはずがないほど、両者は無縁な存在に見える。歌人の俵万智が『りんごの涙』に描いた「海が海ごと海岸の岩にぶつかってゆくような冬の日本海」という実感も、『プーさんの鼻』に載せた「プルーンの種のようなる眼《まなこ》して吾子《あこ》が初めて見ている我が家」という一首も、比喩によるものの見方の開拓である。

谷崎潤一郎は『鍵』で「アタリノ空気マデガ清冽ニ透キ徹ッテイルヨウニ見エル」と女性の耳を美化した。『陰翳礼讃《いんえいらいさん》』では、静かな暗い部屋に時折風の訪れては漆器に映る蠟燭《ろうそく》の光の穂先が揺らす、妖しい光の夢の世界で瞑想《めいそう》へと誘われ、「灯のはためき」を「夜の脈搏《みゃくはく》」と表現した。そうして、畳の上を揺れる光の動きを「細く、かそけく、ちらちらと伝えながら」と展開したあと、「夜そのものに蒔絵《まきえ》をしたような綾を織り出す」と一連の比喩的思考を締めくくった。時代は下って小川洋子も『冷めない紅茶』で「喪服の黒色は夜の中に溶け出し、彼のわずかな仕草と一緒に揺れていた」という比喩を閃《ひらめ》かせた。

はっとするような比喩表現の底には、すべて発見がある。作者がその発見を描くことで、読者はそれまで思ってもみなかった、新しいものの見方をまた一つ加える。この現象はもちろん《比喩》だけのことではない。表現の工夫によって新しいものの見方が生まれ、その発見的認識がそのまま読み手に伝わると考えたとき、書き手にとって無上の悦《よろこ》びが生まれる。それは味わいゆたかに広がる読み手の悦びでもあるだろう。ことばにこだわり表現を練るのは、そういう心の交流を願ってのささやかな手探りであるように思われる。

一　情報の操作——【配列】

奇先法＝最初に奇言を発して注意を引き、後に説明して納得させる
情報待機＝ある情報を故意に待機させる
未決＝情報を待機させ文意を宙吊り状態に置く
誤解誘導＝必要情報を故意に伏せて誤った思い込みを誘う
断絶＝文章を途切れ途切れに運ぶ
倒置＝述語を前にずらし、語順を逆転させる
照応法＝隔てて置いた関連情報が呼応するように配列する
対照法＝対照的な二者を並立させ、引き立て合うようにする
漸降法＝次第に尻すぼまりに展開するように情報を並べる
漸層法＝次第に盛り上がるように展開させる

殿の褒美と春の日

日常の暮らしの中で、照れ隠しやちょっとしたいたずら心で試みられる、さまざまの表現の仕掛け。序章では、恥も外聞もなく文章の素人のそんな実例を紹介した。本章にあたる以下の各章で、今度は、まさに文章の玄人である作家が実践した、本物の表現技法の数々を分類整理し、それぞれの技術の方法と効果を実例とともに考えることにしたい。

規則どおり整然と情報が並ぶと読んでいてわかりやすい。だが、そのみごとな列も、同じ調子で長々と続くと、読んでいてだんだん退屈になる。書く側にも気取りがあり、茶目っ気もあるから、オーソドックスな排列を時には崩したくなる。順にわかりやすく説明するのと逆に、いきなり突飛な情報を突きつけて相手を驚かし、おもむろに解説を加える、《奇先法》と呼ばれる技術は、その一つの試みだろう。

昔からある謎掛けなど、その順番に運ばないと、そもそも謎にならない。「殿様のご褒美と掛けて、春の日と解く」などと、突然わけのわからないことを突きつけて「その心は?」と、どう考えても無関係に見えるその両者のつながりを問いかけるのは、その典型的な運びである。相手の困った顔を眺めながらしばらくじらし、「くれそうでなかなかくれない」と解説して、鼻をうごめかす気分は格別だ。むろん、「呉れる」と「暮れる」という同音語を利用した洒落である。

一度そんな気分を自分でも味わってみたくて、いつだったか大学の講義中に、「技巧派の投手と掛けて、品数の少ない果物屋と解く」と即興の謎を考え出し、「その心は?」と問いかけた。受講生の当惑した顔をしばらく楽しんでから、おもむろに「キューイが足りない」と解説したら、意外に反響があってすっかり気をよくした。寝息も聞こえるほどにしいんと静まりかえっている日頃の授業風景とはまるで違う。不人気をいくらか盛り返したか知らん?　むろん、「球威」と「キウイ」(フルーツ)という類音を利用したいたずらだ。

人生はマッチ箱

芥川龍之介は『侏儒《しゅじゅ》の言葉』で「人生は一箱のマッチに似ている」と書き起こし、「重大に扱うのはばかばかしい。重大に扱わなければ危険である」と続けた。「人生」と「マッチ」とに共通点があるとする判断の論拠を示した形だ。その意味で、「人生は重大に扱うのはばかばかしいが、重大に扱わないと危険だという点で、いわばマッチ箱のような存在である」と、順を追って穏やかに表現しても、情報の点でほとんど差がない。

しかし、芥川の原文はいかにも颯爽《さっそう》と見え、警句としての切れ味を感じさせるだろう。それは文章構造の違いから来る。第二文と第三文とはどちらが先でも大差ないが、最初に、人生がマッチに似ているなどという謎に満ちた一文を投げつけて読者をはっとさせ、以下鮮やかにその謎を解いてみせる、そういう流れで天才的なひらめきを印象づけるからだ。読んでいささか気恥ずかしい思いの残るのも、いきなりショックを与える、こういうけれんみのある入り方が、いかにも技巧に走る気負いを感じさせるからだろう。

夏まで生きていよう

太宰治の小説『葉』も、一編がいきなり「死のうと思っていた」という、どきりとする一文で始まる。だが、こちらは、いったいどういう事情でそんな気を起こすのかと、緊張した読者が身構えると、「ことしの正月、よそから着物を一反もらった」などという、自殺と何の関係もなさそうな平和な一文が続く。どうつながるか見当もつかないまま、落ち着かない気分で次を読むと、「お年玉としてである」と、その説明が続き、ショッキングな冒頭文は依然として情報が孤立したまま、読者は第六文までひきずられる。そうして、「これは夏に着る着物であろう。夏まで生きていようと思った」として、ようやく情報はつながるのだが、自殺を決意するに至る事情も、それをいとも簡単に延期してしまう納得できる心境も、何一つ解決しないまま、強引に読まされてしまう。《情報待機》の仕掛けである。

一人だけ笑わぬ者が

どちらも読者にとって必要な情報を開示せずに、未決のまま展開させる手法である。戦後すぐの鎌倉アカデミアの教室で、容貌魁偉《ようぼうかいい》の歌人は「脳の襞《ひだ》次第に伸びゆく心地すと友の言ふ煙草吾《あ》が止めんとぞ思ふ」と受講生の作品を板書し、花鳥風月という伝統的な和歌の世界からひどくはみ出した歌境にいかにも呆《あき》れたように笑うと、一同大爆笑。そんな風景を紹介した山口瞳は、そのあとに「一人だけ笑わぬ者がいた」と書き、「真っ赤になって額を垂れ、動悸《どうき》のやまぬ者」と続ける。それからおもむろに「それが私だった。」「脳の襞」は私の作った歌だった」と種明かしをする。『吉野秀雄先生』と題するエッセイにおける小憎らしいばかりの話の運びである。黒板の作品が自分の「宿題用に提出した歌」であるという事実をそこまでひた隠しにして書き進めた《未決》の技法による成果なのだ。

このように、肝腎のある情報をしばらく待機させるテクニックによって、その情報を開示した際の反響が大きく大きくなる。そういうレトリックはほかにも例が多い。

北杜夫は『船乗りクプクプの冒険』で、「きょとんとしていたクプクプたちも、いつか彼らといっしょに笑いだしていた」と書き、次の行に「ただひとり、笑わなかったのはキタ・モリオ氏である」と続ける。作者を思わせる名のその肝腎の人物だけ、いったいどうして笑わないのだろうと読者に考えさせ、「彼はまだ気ぜつしたままだったからだ」と種明かしをする。その情報を前に出してしまえば、一人だけ笑わなかったのはあまりにも当然だから、こういう説明自体が不要になる。ここも、あえて順序を逆にする、伝達情報の巧みな操作で、読者を意のままにあやつる言語技術だったのだ。

思いつめた目をした中年男

井上ひさしは『犯罪調書』で、情報を待機させて読者をもたせるどころか、あとであっと驚かせる狙いで、意図的に誤った理解に導く表現を試みた。「白い下半身を剝《む》き出しにした娘が横たわっている。麻酔薬を嗅がせられているらしく身動きひとつしない」と書き、「と、思いつめた目をした中年男が冷たく光る鋭利な刃物を握りしめ、娘の下腹部へ顔を近づけて行き、ぐさりとその刃物を突き立てた」と展開する。読者はそういう表現にまんまとだまされ、作品タイトルの影響もあって、当然のごとく殺人事件の現場と思い込む。

ところが、作者は何食わぬ顔で「帝王切開がこれから始まるのである」と展開して、読者の思い込みをはずす。このような《誤解誘導》がみごとに成功するのは、そういうお産の場面であれば不自然な表現を、目立たないように忍び込ませる作者の表現のたくらみを、読者が見逃すからである。まず、もしも実際に手術の場面なら言及されることの考えにくい「白い下半身」という表現が煽情的《せんじょうてき》なイメージを喚起する。その次の「剝き出し」という語も、手術のシーンでは当然のことだから、わざわざことわらないはずだ。その人物を「妊婦」はおろか「女」とも書かず、未婚を思わせる「娘」と記したあたりは、明らかに適切さを欠き、いくらか虚報に近いかもしれない。《未決》の段階を踏み越えて、もはや《誤解誘導》に近い企みであるとも言えよう。

麻酔を打ったと書かず、「麻酔薬を嗅がせられ」と受身で表現することで被害を連想させ、印象が事件性を帯びてくる。執刀医の真剣な表情を「思いつめた目をした」とずらすことで殺気さえ感じさせる。その中年の医師を、医者であるという情報を伏せ、しかも、「中年の男性」とさえ書かず、どこか厭《いや》らしい雰囲気を漂わせる「中年男」として登場させるのも意図的だ。手術場面の「メス」を、その上位概念である「刃物」とぼかし、しかもそこに「冷たく光る鋭利な」などというよけいな修飾語を加え、それを「握りしめ」と強調し、「ぐさりと」「突き立てた」と展開している。

このような手の込んだお膳立てで、読者が殺人事件を想像するように執拗《しつよう》に追い込み、その思い込みが確実になった瞬間を見計らって、「殺人か。そうではない、帝王切開が」と鮮やかに切り返すのである。実際の場面に適切な用語で述べたのでは誰も勘違いしないし、面白くも何ともない。まして、最初に「帝王切開」なり「手術」なり「出産」なりの情報を伝えてしまえば、そもそも以下の文章は不要になってしまう。

小よしのそばで……恋しい小よしのそばで

自然な文の流れを堰《せ》き止め、あえて途切れ途切れに筋を運ぶ例もある。文章を読まなくても、文面を眺めるだけで作者の見当がつく場合もある。久保田万太郎はそういう一人だろう。ダッシュやリーダーと呼ばれる記号を多用するため、ページのあちこちに空白部分が目立つからだ。

例えば『末枯《うらがれ》』には、「初午《はつうま》に、花見に、七夕に、月待ちに、夷講《えびすこう》に、年忘れに……始終遊ぶことばかり考えた。……そうして、月の半分は、鈴むらさんは小よしのそばで……恋しい小よしのそばで暮した」という一節が現れる。

わずかこれだけの箇所にリーダーが三つも出てくる。そして、どの場合も、そこに省略された一定のことばを想定できず、単なる〈間〉を指示する記号と認定せざるをえない。

ただ、このようにあえて《断絶》を表現することで、途切れ途切れに述べている感じが生じ、そういう語り口をとおして、こだわりなくすらすら話すわけにはいかない重い雰囲気が読者に伝わる効果がある。

まっ白な光をながめた。不安に胸がせまって

小林秀雄は『徒然草』と題する評論で、その作者の吉田兼好について、「兼好は誰にも似ていない。よく引き合いに出される長明なぞには一番似ていない。彼は、モンテエニュがやった事をやったのである。モンテエニュが生れる二百年も前に。モンテエニュより遥かに鋭敏に簡明に正確に。」と書い

ている。この構造が「彼は、モンテエニュがやったことをやった。その二百年も前に、遥かに鋭敏に」といった形になっているところから倒置法の例として扱われやすいが、これは小林のそんな小手先のレトリックとは違う。むしろみずからの思考の流れを自然に追った表現なのであり、倒置風の文展開はその結果として必然的に生じたとも言えるだろう。

これを倒置せず、「彼は、モンテエニュが生れる二百年も前に、彼が後にやることをそれより遥かに鋭敏に簡明に、すでにやっていたのである」と表現しても意味が通りそうに見えるが、それでは論展開の筋を逸脱してしまう。兼好はよく比較される鴨長明とはまったく異質だ。通じるところがあるという点では、突飛なようだが、むしろ遥か後世のフランスの思想家モンテエニュだろう、という小林の思考の流れにまったく合わないからである。

一方、三島由紀夫は『豊饒《ほうじょう》の海』に、「まろうどはふとふりむいて、風にゆれさわぐ樫《かし》の高みが、さあーと退《ひ》いてゆく際に、眩《まば》ゆくのぞかれるまっ白な光をながめた。なぜともしれぬいらだたしい不安に胸がせまって。」と書き、「「死」にとなりあわせのようにまろうどは感じたかもしれない。生きわまって独楽《こま》の澄むような静謐《せいひつ》、いわば死に似た静謐ととなりあわせに。」と続けている。

作者は、このように《倒置》した表現を連続的に用いることによって、その感情の高まりを読者にそのまま伝えようとする。倒置されたその表現が、「まっ白な光を、不安に胸が迫って、眺めた」という通常の表現と、もしも論理的に同じ情報を伝えると認定できれば、書き手の心の波立ちを伝える技法としての倒置表現であることが明白になる。

夏みかんのにおい

芥川龍之介は『蜘蛛《くも》の糸』を「極楽ももう午《ひる》に近くなったのでございましょう」という一文で閉じた。これは、冒頭近くの「極楽は丁度朝なのでございましょう」という一文と呼応している。作品の初めと終わりとがたがいに相照らすことによって、一つのまとまりが生じ、その物語世界をくっきりと浮かび上がらせ、短編としての統一感を印象づける。そういう形式美を追い求める手法である。

あまんきみこ『車のいろは空のいろ』の「白いぼうし」と題する一章は、「これは、レモンのにおいですか?」と、タクシーの乗客が運転手に話しかけるシーンで始まる。田舎のおふくろがもぎたての夏みかんを速達で送ってくれたのがうれしく、一番大きいのを車にのっけて来たのだと、「松井さん」の顔から笑いがこぼれる。この章でも、「空いろの車のなかには、まだかすかに、夏みかんのにおいがのこっています」という結びの一文と照応して、一つの完結した物語世界をくっきりと印象づけている。

田宮虎彦の小説『菊坂』は、「ブラスバンドが、提灯《ちょうちん》の波のうねりとうねりとをつなぐように、君が代行進曲や軍艦マーチや、そして、その間々に、皇太子さまお生れになった——という祝賀の曲を吹きならして通りすぎていった」と始まり、「病舎のどこかで、皇太子さまお生れになったという単調な曲をかなでているオルガンのものうい音律がきこえていた」と閉じてある。これも《照応法》の一例と言える。

それが多分に意図的であったことを、一九七六年七月十一日に東京赤坂のホテル・ニュージャパンでインタビューした折、作者自身の口からじかに聞いた。「あれはあの歌から始まるので最後にあの歌を持って来ようという考えが初めからありましたね、前のほうはワーッと沸き立ってて、最後は遠くから聞こえてくる寂しい単調な音で終わらせようと……」と振り返った。それとは逆に、最後の句を初めに考えて、「むしろ最初のほうに呼応するものを点々と入れてゆく」という場合もあることを、この作家がみずから補足したことも記憶に残っている。

小さな鏡餅には、もう一つ鏄が

このように表現の組み合わせによって効果を発揮する技法として、もう一つ、単に照応するだけでなく、むしろ相反するものを並立させることによってたがいに他を引き立て合う《対照法》のレトリックを取り上げる。語句レベルでは、「針小棒大」や「遠くの親類より近くの他人」といった慣用的な表現はそういう構造になっている。また、「彼は政治屋であって政治家ではない」だとか、「この頃はどこを向いてもセンセイばかりで、本物の教師はすっかり影をひそめてしまった」などと嘆いてみせるのも、それに相当するかもしれない。

ここでは、もっとスケールの大きな文章の流れを紹介しよう。永井龍男の小説『冬の日』の末尾である。一人娘が佐伯という研究者と結婚し、子を生んで間もなく世を去った。故人の母親にあたる四十二歳の登利が、「妻を喪《うしな》った夫と、母を喪った嬰児《えいじ》」を見かねて、東京のアパートから二人を引き取る。その結果として生じた男女の「歪んだ人事関係」を清算すべく、佐伯に再婚を勧め、孫とも別れて、登利はひとりその家を出る決心を固める。そこで、畳屋を入れて、やがて〝新居〟となるはずのその古い家を整えると、三十日の夜更けに、何もかも忘れようと睡眠剤を飲んで深い眠りに落ちる。

どのぐらい眠ったのか、ぼんやりと意識を取り戻した登利が、「異様な赤さで、ほの暗い空気を染めてい」る落日の、「節穴から射している光りに恐怖を感じ」る場面だ。ふと目にした風景が、まず、「二本の桜の細々とした冬枝越しに、真赤な巨《おお》きな太陽が、登利の真向かいにあった」と描かれる。「元日の夕日であった」という説明があってこう続く。「黒い屋根屋根の上で、それは弾んでいるようにも見え、煮えたぎって音を立てているようにも感じられた」登利は、「深々と息を吐き板の間へ両膝を突」く。そうして、「激しい情欲が迫り、煮えたぎる太陽の中へ、遮二無二躍り込んで行く体を感じ」、「太陽はその間も、一瞬ごとに沈んで行った」と、この作家にしては珍しく、昂奮《こうふん》した筆致が続く。

だが、さすがにそのままでは終わらない。燃え立つような激しいこの一節の直後、「小ぢんまりとした、古い二階家だった」と、急激にトーンを下げる。そうして、「床の間に供えられた小さな鏡餅《かがみもち》には、もう罅《ひび》が入っているようであった」という、次のむしろ枯淡とさえ思えるほどの一文で文章をきゅっと引き締め、そのまま一編を閉じてしまう。

作品の末尾に立つこの二文は、それまでの真っ赤に燃えるが如き激しい場面をみごとに鎮め、短編に落ち着きを与えているように思われる。これもまた、対照的なタッチの筆致が隣り合うことによって高まる表現効果と言えるだろう。

投手で四番からスコアラーに

「十で神童、十五で才子、二十過ぎればただの人」という耳に調子よく響く言いまわしがある。耳に心地よいのは、三・四、四・三、三・四、五という音構成になっていて、七・七・七・五という都々逸の調子で読めるようにできているからだろう。一方、意味の面に目を転ずると、十歳から十五歳、そして二十歳と、成長していくにつれて、「神童」から「才子」へ、そして「ただの人」へと、頭脳の冴え方が次第次第に下降線をたどる、そんな尻すぼまりの展開になっており、読む側も次第に力が抜けてゆく。

井上ひさしの『自筆年譜』に、「はじめは投手で四番だったが、部員が殖えるにつれ、三塁で五番、二塁で二番、しまいには右翼で七番と、中心選手の座から滑り落ち、結局はスコアラーに落ち着いた」という記述が出てくる。二塁手や二番打者が重要視され始めた近年の野球だと少し印象が違いそうだが、当時はたしかにジリ貧に感じられたことだろう。

同じ作者の『十一匹の猫』には、確信の度合いが「十中八九」から「十中六七」「十中三二」などを経て「十中一かゼロ」まで、順に梯子《はしご》を下りてくる流れが現れる。どちらの例でも、順に駄目な方向に進むことによって、読み手は次第に力が抜け、もう笑うほかはないような脱力感に襲われるはずだ。どちらも作者の仕組んだそういう《漸降法《ぜんこうほう》》の効果である。

崖に鳴り、いただきにひびき、宙にとどろき

その反対に、順に盛り上がる方向へと展開することで、読み手を次第に力の盛り上がる気分に誘う《漸層法《ぜんそうほう》》という表現技法もある。「這《は》えば立て、立てば歩め、の親心」という川柳では、わが子の成長を願う親の気持ちが次第にエスカレートする過程を、「這う」「立つ」「歩む」という三段階に刻み、それを成長の象徴として盛り上げている。

井上ひさしは『小林一茶』と題する戯曲で、「この意味《こころ》がわかるかい。わかるだろう。わかるべきだ。わからなければおよねさんは人間《ひと》じゃない。鬼か蛇だ。わかれ」と展開させた。「わかる」という動詞が、このわずか五十字程度の一節に、実に五回もくり返し使われている。「わかるかい」という疑問から、「わかるだろう」という推量へ、そして「わかるべきだ」という義務へと迫り上がり、「わからなければ」という条件を経て、「わかれ」という命令へと次第に盛り上げることで、論調がエスカレートするのは明らかだろう。

石川淳の『紫苑《しおん》物語』にその大規模な表現のエスカレーションが見られる。「岩山のいただきには、岩に彫りつけたほとけだちが何体か」あり、その中に首の欠け落ちた一体がある。「崖のはなのうつくしい岩の、あたまの部分がすなわちほとけの首になっていて、その岩のあたまがくり抜いたようにけずり落されたので、ほとけの首もまた落ちた。しかし、首は谷の底までは落ちこまなかった。つい真下の岩のくぼみにころげて、くぼみに支えられて、そこにとどまった」。すると、その首はものすごい形相となり、「これを見れば三月おこりをふるうほどに、ひとをおびやかした」ので、「それが元あった位置の、岩のあたまの部分」に戻すと、「悪鬼の気合はウソのように消えて」「大悲の慈顔とあおがれた」。ところが、また、としてフィナーレに入り、壮大な流れをつくりだす。

その一節はまず、「月あきらかな夜、空には光がみち、谷は闇にとざされるころ、その境の崖のはなに、声がきこえた」と、空の光と闇に沈む谷とを対峙《たいじ》させ、それを承《う》けて、「なにをいうとも知れず、はじめはかすかな声であったが、木魂《こだま》がそれに応え、あちこちに呼びかわすにつれて、声は大きく、はてしなくひろがって行き、谷に鳴り、崖に鳴り、いただきにひびき、ごうごうと宙にとどろき、岩山を越えてかなたの里にまでとどろきわたった」と、ゆたかなスケールで展開する。

ここにみなぎる独特の格調とリズムを支える言語的な構造として、すぐに気づくのは対句的な響きだろう。「空には光がみち、谷は闇にとざされる」という典型的な例に始まり、「谷に鳴り、崖に鳴り」、あるいは、そのあとの「風に猛り、雨にしめり」、さらにはその直後の「音はおそろしくまたかなしく」という流れにも、そういう諧調が感じられる。

もう一つは、「かすかな声」から「声は大きく」と転じ、すぐ「はてしなく」と続く展開だろう。同じ箇所にそれと並行して、「声がきこえた」と始まり、「あちこちに呼びかわす」と進み、そして「ひろがって行き」と流れる、もう一本の線のあることにも注目したい。続いて、「谷に鳴り、崖に鳴り」と「谷」から「崖」へ、そして「いただきにひびき」へ、さらに「岩山を越えてかなたの里にまで」と広がり、ついには「紫苑の一むらのほとりにもおよんだ」に至る、スケールの大きな漸層調の展開が、文章に力強いうねりをもたらす。

それにつれて、「鳴る」の連続から、「ひびく」へ、さらに「とどろく」へと強まり、最後は「とどろきわたる」へと登り詰める動詞の語彙選択にも注目したい。

そういう怒濤《どとう》の流れに乗って、「緩急のしらべおのずからととのって、そこに歌を発した。なにをうたうとも知れず、余韻は夜もすがらひとのこころを打った」と民話調のフィナーレに導き、「ひとは鬼の歌がきこえるといった」として作品を閉じるのである。

二　多彩な反復――【反復】

畳語法＝同語を直後にくり返す
畳点法＝同一語句を集中的に用いる
反復法＝何らかの単位の言語要素をくり返し用いる
鸚鵡返し＝あることばを直後に別の人がくり返す
類義累積＝大同小異の表現を連ねて近似値的な接近を図る

漂っている。漂っていく。漂っていった

最も単純なくり返しとなれば、「きらきら」「ころころ」「しみじみ」「ほのぼの」のように、単語自体が同じ音の反復でできている場合だろう。つかこうへいの戯曲『蒲田行進曲』の中に、「カーテンが茶色いヨレヨレのヒモのようになってて、畳はケバケバになったのがすり切れて、まるで砂地のようにザラザラしていた」という一節が出てくる。ここには、そういう単語レベルの《畳語》が三つもころがっている。

中沢けいの『海を感じる時』に、「私の意識はしだいに拡散していった。広い広い海のさざ波のくり返しの上へと、私は漂っている。私は漂っていく。漂っていった」という箇所が現れる。「広い広い」

の部分は単なる強調かもしれないが、特に最後の「私は漂っている。私は漂っていく。漂っていった」というあたりは、作者自身が多分に意識して書いたように思う。まさに典型的な畳語表現となっている。「漂う」という同じ動詞を、テンスやアスペクトを変えて三たび重ねることによって、単なる強調やリズムとは違う、対象の象徴的な記述となっているように思われる。

「太古から生物を生みだしてきた海」を見つめながら、「世界中の女たちの生理の血をあつめたらこんな暗い海ができるだろう」と、「身体の一部として海を感じ」る年頃の少女が、今、「母が発する女のにおいをかいでいる」。おそらくこの反復は、「興奮した精神と疲労した身体の間で、意識がたゆたう」、作品末尾のその危険な放心のたゆたいを、波として跡づけているところから、おのずと生じた象徴的な効果だったような気がしてならない。

平凡な者が平凡な筆で平凡な半生を

「人民の人民による人民のための政治」という名文句で、リンカーンは民主主義のモットーを語ったとされる。あえて「人民」という同じ単語を三度もくり返すことで民衆の印象にくっきりと刻んだ力強いことばである。このような日本語の翻訳で読んでも、名文句として響く。意味だけなら「人民の民衆によるみんなのための政治」としてもさほど違わないが、もしもそんなふうに言い換えていたら、これほど圧倒的な力とはならなかっただろう。

ある単語を直後にくり返す《畳語法》とは別に、こんなふうに、ある箇所に同一の語句を集中的に用いる技法を、特に《畳点法》と呼んで区別することもある。二葉亭四迷は『平凡』というタイトルについて、「さて、題だが……題は何としよう？」と「思案の末」、「平凡！ 平凡に、限る。平凡な者が平凡な筆で平凡な半生を叙するに、平凡という題は動かぬ所だ、と題が極《きま》る」と、その経緯を述べている。まるで発作でも起こったかのように、「平凡」という同じ単語を実に六回も立て続けに使ってみせた。

「平凡な者が平凡な筆で平凡な半生を」と畳みかけることによって勢いづくのであって、そこを仮に「普通の人がごくありふれた筆で当たり前の半生を」などと述べていたら、このような勢いは生じなかっただろう。

川端康成が『雪国』の中で「雪のなかで糸をつくり、雪のなかで織り、雪の水に洗い、雪の上に晒す」と述べた箇所も、「雪」という語を四回もくり返すことによって、「縮《ちぢみ》」というものにとって「雪」がいかに縁の深い存在であるかを印象づける効果をもたらした。

その日は待つ間もなく来た

あえて同じ単語をすぐ近くにくり返し用いる例をあげよう。

田宮虎彦は『沖縄の手記から』で、こういう展開を見せている。米軍による沖縄空襲が激化。「暁闇の空に曳光弾が花火のように弧を描き、はげしい空襲の中に、やがて朝焼けに空が焼けて、夜が明けていく日もあるようになった」という。「上陸作戦を企図したアメリカの機動艦隊が沖縄近海に迫って来ていることは、もはや疑うことが出来なく」なり、「もしアメリカ軍が小禄海岸に上陸作戦を行う時は、海軍部隊は、沖縄方面根拠地隊を主力として、壕《ごう》によって直ちに水際に敵を撃退することになって」、「対空砲火は、すべて地上砲火にきりかえられ」、その日を待つばかりとなっているのだ。

そこで作者は、「待つという言葉は、私たちの心のありようを決して正しくはつたえなかったが、それは、やはり、待つというよりほかいいようはなかった」と書き、すぐ「私たちはその日を待った。そして、その日は、待つ間もなく来た」と畳みかけるように続ける。

ここでくり返し使われる「待つ」という動詞は、その用語がはたしてその場にふさわしいかと反問し、より適切な用語を探してみても、それ以外に言いようがないことを述べ、その事態が間もなく現実のものとなったことを記した箇所である。その限りにおいて、この「待つ」ということばは装飾品ではなく、情報伝達の機能をきちんと果たしている。

しかし、これだけの内容を伝えるのに、同じその動詞がはたして四個も必要だったかは疑問だ。「待にちがいない。

つ」というキーワードを、一度も文脈に忍び込ませることもなく、あるいは類義の他の動詞に換言することもなく、あえて同じキーワードを執拗《しつよう》にくり返す表現を選択したことは明らかに意図的だった

ぽたりぽたりと落ちる

夏目漱石の『草枕』に、椿《つばき》の花の散る場面を念入りに描いた箇所がある。「深山椿《みやまつばき》を見る度に」、なぜか主人公の画工は、「黒い眼で人を釣り寄せて、しらぬ間に嫣然《えんぜん》たる毒を血管に吹く」妖女の姿を連想する。たしかにその色は、「黒ずんだ、毒気のある、恐ろし味を帯びた調子」の「一種異様な赤である」にはちがいない。

「見ていると、ぽたり赤い奴が水の上に落ちた」と、その描写は始まる。「静かな春の日に動いたものは只此《ただこの》一輪である」と説明したあと、「しばらくすると又ぽたり落ちた」と続く。そして、「あの花は決して散らない。崩れるよりも、かたまった儘《まま》枝を離れる」という印象や、「落ちてもかたまって居る所は、何となく毒々しい」といった感想が入って、「又ぽたり落ちる」と来る。無理のないいかにも自然な感じの《反復法》に感じられる。

そのあと、「ああやって落ちているうちに、池の水が赤くなるだろう」とか、「年々落ち尽す幾万輪

もの椿は、水につかって、色が溶け出して、腐って泥になって、漸《ようや》く底に沈むのかしらん」とかといった想像の流れを縫うように、「また落ちた」「また落ちる」と、思い思いの間をおいて、椿は散りかかる。

「落ちる」という動詞の、このようないかにも自然な感じの、不規則な反復が、あたかも思索する人間の前で散る現実の椿の姿を模写するかのように、読者は感じるだろう。それほどに、それぞれの短い描写の一文が絶妙のタイミングでくり返されるのだ。

そうして、「又一つ大きいのが血を塗った、人魂《ひとだま》の様に落ちる。又落ちる。ぽたりぽたりと落ちる。際限なく落ちる」という一場のフィナーレが訪れる。まさに圧巻である。

笑う、笑う、くっくと笑い転げる

もう一つ、椿の花の散る印象的な場面を紹介しよう。里見弴の短編小説、その名も『椿』と題する作品である。ただし今度は、花が散り落ちるのは一度だけで、前例のような落花という対象そのものの反復は存在しない。

しいんとした夜ふけ、「三十を越して独身の女」が「臥《ね》ながら講談雑誌を読んで」いる。並べて敷いた寝床にその「姪《めい》にあたる二十歳の娘」が寝息もたてずに眠っているようだ。そんな折、すぐ近くでパサッという物音が聞こえた。目を覚ました娘は、得体の知れないその音におののく。ややあって、それが床の間の椿の花の散った音らしいとわかり、若い叔母と顔を見合わせる。なあんだとほっとするのだが、怖いと思うと、いろんなものが不気味に見える。「真っ赤な大輪の椿」は「血がたれてるよう」だし、屏風絵《びょうぶえ》の元禄美人は、電燈の覆いのせいもあって「死相を現わしている」ように見える。

一時は顔をひきつらした叔母も、やがてそんな姪にとりあわず、蒲団《ふとん》をかぶってしまう。それから二人で笑いをこらえる息苦しい何分かがあって、とうとう叔母がふきだしてしまう。姪もたまらず笑いだすが、真夜中だから大きな声を出すわけにはいかない。声を抑えた二人の笑い声が、あでやかな女の部屋の空気をゆるがして、忍びやかに広がってゆく。

そういうラストシーンを、この作家は派手な《反復法》を多彩にくりひろげながら、その部屋の雰囲気を読者に匂いごと運んでくる。あら、いやだ、と思わず呟《つぶや》いた姪がくるりと向きを変えると、その鼻の先で、「だしぬけに叔母が、もうとても耐《たま》らない、という風に、ぷッと噴飯《ふきだ》すと、いつもなかなか笑わない人に似げなく、華美《はで》な友禅の夜着を鼻の上まで急いで引きあげ、肩から腰へかけて大波を揺らせながら、目をつぶって、大笑いに笑いぬく」と、たまらずに体を揺すって笑う姿を描く。

その気持ちが「姪の胸へもぴたりと来」て、こちらも「ひとたまりもなく笑いだした。笑う、笑う、なんにも言わずに、ただもうくッくと笑い転げる」と作者は畳みかける。「しんかんと寝静った真夜中だけに、――従って大声がたてられないだけに、なおのこと可笑しかった」と展開し、その「可笑しかった」に「可笑しくって、可笑しくって、思えば思えば可笑しくって、どうにもならなく可笑しかった……。」と続け、そのまま一編を閉じる。

言語表現の担う情報量という、潤いのない観点に立てば、そこに伝達されるのは要するに「大変可笑しかったので大いに笑った」というにすぎない。もしも作者がそう書いて済ませていれば、女の息づかいが聞こえてくるとされる絶妙の語り口は消え失せ、作品の文芸的価値のほとんどを失ってしまったことだろう。

それをこの作者は、畳みかけるように反復する《**畳点法**》によって活写した。まるでそれ自体が〝笑い〟の模写でさえあるような、息苦しいまでの反復リズムによって、その部屋の雰囲気をほとんど生理的に伝えてくる、そういう豊穣《ほうじょう》な表現の沃野が広がってくるように思われる。

徒歩の人も避ける　騎馬の人も避ける

森鷗外の『空車《むなぐるま》』は、「此車《この》に逢えば、徒歩の人も避《よ》ける。騎馬の人も避ける。貴人《きにん》の馬車も避ける。富豪の自動車も避ける。隊伍をなした士卒も避ける。葬送の行列も避ける。」と畳みかけるフィナーレが印象的だ。「此車」とは馬が引く「大いなる荷車」で、それが何も積載せずに大通りを通行すると、いかにも堂々と見える。その威厳に押され、誰もが道を譲らざるをえない雰囲気となる。右に掲げた箇所は、そういう現象をまとめた一節だ。

道を譲るはめになる「徒歩の人」から「葬送の行列」までを活写する六つの文はすべて、「Aも（それを）避ける」というまったく同一の文型の連続となっているが、そこから盛り上がりの勢いが感じられるのは、情報の排列の妙である。すなわち、「徒歩の人」「騎馬の人」という〈人〉の組が先行し、「貴人の馬車」「富豪の自動車」という〈車〉の組がそれに続き、最後に「隊伍をなした士卒」「葬送の行列」という〈列〉が並ぶことにより、後になるほど大がかりで厳粛なものが現れる結果となって、漸層効果が高まり、文意が次第に盛り上がるからである。

鷗外がこれほどまでにこだわった「空車」の大きさとは何だったのか。「空虚であるが故に、人をして一層その大きさを覚えしむる」という事実に対する感動とだけ読むのは、このあたり一帯の高揚感にそぐわない。この作品の発表された大正五年（一九一六）という時期を考慮し、遺言状に「石見人《いわみびと》森林太郎トシテ死セントス」と記し、さらに、「宮内省陸軍ノ栄典ハ絶対ニ取リヤメヲ請ウ」とまで書いた事実を考え合わせると、何も載せていない荷車に、あらゆる官位と肩書きをぬぐい去った一個の人間、森林太郎の姿を重ねて読みたくなるのも一理あるように思われる。

凍えるように寒かった

もっと長い単位の表現をくり返す例もある。「水たまりにこぼれ落ちた／つくだ煮の小魚達」の「一ぴき一ぴき」を観察したり、「畦道《あぜみち》で一ぷくする勘三さん」が「煙管《きせる》を掃除し」、「蛙《かえる》をつかまえて／煙管のやにをば丸薬にひねり／蛙の口に押しこ」むと、蛙は「目玉を白黒させた末に／おのれの胃の腑を吐きだして／その裏返しになった胃袋を／田圃《たんぼ》の水で洗」う。そんな尋常の詩情とはまるで無縁な世界に材を採り、井伏鱒二は独特の詩で奇妙な抒情をのぞかせてきた。

『歳末閑居』もまた、花鳥風月の和歌とは対極に位置する俳諧の〝軽み〟の世界、あるいはそこを超えて川柳や落語の世界に迷い込んだ雰囲気の詩である。今の時代は、金がないから年が越せないなどと言っても、さっぱり実感がわかない。昔は、貸借関係をきれいに清算して新しい年を迎えようと、商店では年末に貸し売りの分を取り立てるのに必死だった。借りているほうも全部払ってすっきりできればそれに越したことはないが、それぞれ事情があって、往々にしてそうはいかない。そんな家庭では、気の弱い人間など言い訳もままならず、掛取《かけと》り、すなわち集金にやって来る人間と顔を合わせない算段をする。

この詩も、そういう世俗の煩わしさを避けて、やむなく「ながい梯子《はしご》を廂《ひさし》にかけ」「のろのろと屋根にのぼ」り、冷たい棟瓦《むねがわら》にまたがって「こりゃ甚だ眺めがよい」とうそぶく情けない男の物語である。「暮の三十日」、女房と子どもを外に出し、小心な主人公が屋根の上に逃れて「大胆いっぷくしていると」、掛取りの「平野屋は霜どけの路を来て／今日も留守だねと帰って行く」。ひとまず危機を脱したそのようすを見届けて、主人は「のろのろと屋根から降り」て、梯子を部屋の窓に載せる。

そうして、やがて折を見計らって帰って来た「子供を相手に」「シーソーをする」。窓枠に梯子を渡してシーソーをする、その場面での親子のやりとりに耳を傾けてみよう。

まず、「どこに行って来たと拙者は子供にきく／母ちゃんとそこを歩いて来たという」と出る。家を留守に見せるために家族を外に追い出し、自分は屋根の上に避難して姿を隠す。母と子は何の用事もないのに年末の寒い中を仕方なく歩いて来たのだ。

それに続く「凍えるように寒かったかときけば」の部分は、そういう目に合わせてしまったわが子に手を差し伸べるような、親としてのいたわりのことばであると同時に、心からの詫《わ》びでもあっただろう。

それに対する子の答え、「凍えるように寒かったという」の部分は、「うん、とっても寒かった」あたりが自然かもしれない。情報としては「うん」の一言で足りるし、無言でうなずくだけでも用は足りる。そこをあえて「凍えるように寒かったという」というような、《鸚鵡《おうむ》返し》の形でくり返したのはなぜだろう。それはむろん、子どもが実際にそう発言したのかもしれないが、わが子をそういうつらいめに合わせてしまったわが身の甲斐性《かいしょう》のなさを噛《か》みしめながら、子どものことばをなぞるように聞いていたのかもしれない。

どこまでも、いつまでも

反復といっても、同じことばをすぐにくり返すだけでなく、さまざまな形がある。あることばを単独で用いたのでは、思い浮かぶどの語を用いても、自分の思いがそれで伝わるような気がせず、一つ一つの表現が必ずしも的確ではないと知りつつ、それに近い表現をいくつか連ねることによって、その思いに近づけようと試みることもある。類義の表現を積み重ねる《類義累積》の技法をとおして、めざす表現対象にいわば近似値的に接近しようとする企てである。

漱石の『草枕』に、雲雀《ひばり》に関するこんな一節が出てくる。「あの鳥の鳴く音には瞬時の余裕もない」と一括した文に続き、「のどかな春の日を鳴き尽くし、鳴きあかし、又鳴き暮らさなければ気が済まんと見える」と展開する。まったく同じ単語の反復はないが、ここに連続して現れる「鳴き尽くす」「鳴きあかす」「鳴き暮らす」という三つの類義の複合動詞に注目したい。

たがいに意味は似ていても、むろん、まったくの同義とは言えない。「鳴き尽くす」は、声の出なくなるまで鳴くという意味であり、「鳴きあかす」は、夜が明けるまで一晩中鳴き続けるという意味であり、「鳴き暮らす」は、日が暮れるまで鳴き続ける、または、来る日も来る日も鳴いてばかりいるという意味であって、厳密には意味が少しずつ違う。

だが、はたして漱石は、そういう意味の微差を表現し分ける意図でこの三つの複合動詞を並べたのだろうか。そういう微妙な意味の違いを読者が認識することで表現効果が上がるとは思えないし、作品展開上の必然性も認められない。やはりここは、そういう類義の動詞を積み重ねることによって、いつ果てるとも知れない比類のないやかましさを、なんとか読者に想像してもらいたかったような気がする。

このせわしい雲雀の鳴き声は果てしなく上昇する。むろん、それは雲雀が上へ上へと揚がるからである。漱石はその描写にも同じ手法を用いる。「どこ迄も登って行く」と言いきっただけでは満足できなかったと見えて、そのあとに「いつ迄も登って行く」と書き加えた。どちらも単独では甲乙つけがたいが、こうして、「どこ迄も」という空間的連続性と、「いつ迄も」という時間的連続性とを連続させることによって、さらに長く、さらに高くというニュアンスが生じ、際限もなく上昇を続ける姿を印象づける。

そういう永遠性をかもし出すことを通じて、「登り詰めた揚句」、雲雀はやがて雲の中で死ぬという幻想を誘いだすのだろう。「形は消えてなくな」り、「只声《ただ》丈《だけ》が空の裡《うち》に残る」というイメージは、情報伝達という観点からは無駄とも思える、執拗な類義表現の累積が先行することで、その自然さと説得力を増すように思えてならない。

三　韻律の快感——【諧調】

頭韻＝句頭や文頭を同音で調える
脚韻＝句末や文末を同音で調える
畳音＝同じ音を直後に何度もくり返す
リズム＝一定の拍数の句やその組み合わせを規則的にくり返す
前辞反復（尻取り文）＝直前の文末を次の文頭近くでくり返す
連鎖漸層法＝前の語句を反復しながら文意を次第に盛り上げる
倒置反復＝語順を逆転させてくり返す
対偶法＝二つの観念に対照関係を設け、引き立て合いながら進行する
対句＝対をなす同形の句に対照関係を設け、対比を際立たせる

可愛可愛と烏は啼くの

「信州信濃の新蕎麦《そば》よりもわたしゃあなたのそばがいい」と口説かれたら、どんな気持ちがするものか知らん？　「蕎麦」から同音の「側《そば》」へと乗り換える機転の利いた流れが趣意だろう。仕掛けはそれだけではない。都々逸《どどいつ》だからリズミカルで、七・七・七・五の音構成が耳に心地よく響く。もう一つ、「信州信濃の新蕎麦」と、出だしの部分の語の頭がすべてシ音でそろえてある。序章で紹介した「飲ん

だら乗るな　乗るなら飲むな」という交通標語も頭韻を踏んで調子をなめらかにしてあった。このように韻を踏むことによって読み手の耳をマッサージする生理的な効果を奏する例は多い。

野口雨情の作詞になる童謡『七つの子』にも、そういう響きが感じられる。「烏　なぜ啼《な》くの／烏は山に／可愛い七つの」と、最初からここまで、それぞれの単語の頭の音が、「烏」のカ、「なぜ」のナ、「啼く」のナ、「烏」のカ、「山」のヤ、「可愛」のカ、「七つ」のナと、すべてア段の音が続く。次の「子」で一度それは破れるものの、そのあとも「ある」「から」「可愛」「可愛」「烏」「啼く」「可愛」「可愛」「啼く」「山」とア段の音で始まる語が続く。こういう音環境の中で、「可愛可愛」の部分が「カア・カア」という鳥の鳴き声を模写したようにも聞こえる。そういう擬音的効果を感じさせる詩であることはまちがいない。

これほど露骨ではないが、三好達治の詩『乳母車』でも、意味の背後にある音楽が効果を高めているような気がする。「母よ――／淡くかなしきもののふるなり／紫陽花《あじさい》いろのもののふるなり／はてしなき並樹《なみき》のかげを／そうそうと風のふくなり」と始まるこの詩でも、この第一聯《れん》の各行の頭の音に注目すると、「母よ」「淡く」「紫陽花いろ」「はてしなき」と、ほとんどがア段の音で始まることに気づく。第二聯以降も、「母よ」「淡く」「紫陽花いろ」の反復のほか、「泣きぬれる」「赤い」「旅」といったア段の語頭音が多くの行頭を飾り、その《頭韻》の働きで、いやがうえにもリリカルな調べを奏でているように思われる。

龍馬も頓馬も

「男は度胸、女は愛嬌《あいきょう》」という昔の言いまわしは、前半も後半もキョーという音で終わる調子のよい響きに表現価値がある。そのため、「男性は肝っ玉、女性は愛想」などと言い換えたのでは効果は台無しだ。

「驚き、桃の木、山椒《さんしょ》の木、狸《たぬき》に、ブリキに、蓄音機」という調子のいいことばがある。このうち情報伝達に必要なのは「驚き」だけである。あとは語末にキ音のつくことばを並べて調子を整える働きをするにすぎず、意味はまったく関係がない。

小津安二郎監督の映画『早春』に、こんな場面が出てくる。生まれ故郷の話題で「おれア、土佐だ」と答えた男が「坂本龍馬《りょうま》の生れたとこだ」と自慢げに付け加えたばかりに、「龍馬も生れりゃ、頓馬も生れるな」とからかわれてしまう。ここも、「龍馬」と「頓馬」とは意味はまるで無関係だが、どちらも「馬」という漢字を書く。しかも、そろいもそろってマ音で終わっている。同じ語末音を並べて《脚韻》を踏むことば遊びにすぎない。

はなののののはな

同じ音をいくつも畳みかけるように続ける《畳音》の遊びもある。「すもももももももものうち」など、その傑作の部類だろう。このように仮名文字だけで書くと、何のことかわからないが、「李《すもも》も桃も桃のうち」というふうに漢字を宛てれば文意がたどりやすい。だが、ほんとに伝えたいのはそういう意味というものではない。「も」が八つも連続しながら奇跡的に一つの意味をもつ珍しい現象を楽しんでいるのだ。

「月月に月見る月は多けれど　月見る月はこの月の月」という一首は、あえて同じ語をちりばめた言語遊戯である。同じ語とはいっても、ここには、何月という「月」と、天体の「月」、という、つながりはあっても多少とも意味合いの違う用法が交じり合っている。月を観賞するのに適した月はいくつもあるが、何と言っても、この八月十五日の名月に優るものはない、といった歌意なのだろう。だが、真の狙いは、一往そんな意味を通しながら、「月」という文字を八回も使ってみせた、その言語技術にあることは疑えない。

「瓜《うり》売りが瓜売りに来て売り残し　売り売り帰る瓜売りの声」という作品も同様だ。瓜を商う人間が売り歩いたものの、売れ残ってしまい、帰り路もそれを売りながら戻って行く、という意味を表しながら、その一首に、偶然同じ音になっている「瓜」と「売り」という語を計九回も使ってみせたところに表現の喜びがあったにちがいない。

そんな古典だけではない。谷川俊太郎は「はなののののはな」という一編の詩を作った。のちに《余情の滴り》の章でも紹介する、たまたま司会を務めた雑誌の座談会の席上、それが教科書に載った折の反応について、その谷川自身がこんなことを語った。

学校の先生はきまってこう生徒に問いかける、作者は何を言いたいのでしょうと。こういう趣旨の質問は、時には詩人泣かせだという。あらゆる作品がなんらかの情報を伝え、ある主張を訴えていると勝手にきめつけているから、そういう万能の質問が横行するのだが、詩人にとっては、それによって伝わる情報よりも、そういうことば自体を投げかけたい気持ちがある。そうして、あの作品で自分が訴えかけているのは、その詩のかたちそのものだったし、つまりは、ことばの悦びなのだという。

なんとか意味を通そうとすれば「花野の野の花」とでも書いたほうがわかりやすい。が、ここでは、そんな風景を描き出すところに悦びを感じているわけではない。それよりも、ことばの視覚的・聴覚的な発見が最大の動機となったように思われる。そこにはなんと、「の」が四つも連続している。そんな驚きが、まず、あったのだろう。ひょっとすると、しかもその両端に「はな」が咲いていると、イメージをふくらませたかもしれない。ともあれ、この詩のそういう姿をぜひ味わってくれ、それが作者自身の率直な気持ちだったようだ。ことばの悦び、教育の現場にもそういう目くばりを期待しているにちがいない。

つぶら瞳の君ゆゑに

佐藤春夫の詩『少年の日』は、「野ゆき山ゆき海辺ゆき」と始まり、以下「真ひるの丘べ花を藉《し》き／つぶら瞳の君ゆゑに／うれひは青し空よりも」と流れる。言語技術の点では、第一行の「ゆき」の三連続が目立ち、第四行の「うれひは青し」も、「愁い」という感情を「青」という色彩でとらえた比喩的な思考に心惹かれる。

「野」「山」「海」「丘」、それに、間接的ながら「空」、そういう広々としたイメージの名詞をちりばめ、そういう雄大な自然を背景にして「つぶら瞳の君」を詠み込んでいる詩の構図も印象的である。

もう一つ、「海」を「海辺」と伸ばし、「つぶらな瞳」を「つぶら瞳」と縮め、「空よりも青し」を「青し空よりも」と逆転させることによって実現させた七五調のリズムを指摘しておかねばならない。そういう調子が作品の世界を明確に区切って、印象を鮮明にしていると考えられるからである。

口の内に独り呟きながら

芥川龍之介の小品『東洋の秋』に、「おれの行く路《みち》の右左には、苔《こけ》の匂や落葉の匂が、湿った土の匂と一しょに、しっとりと冷たく動いている」という一文が出てくる。句読点の位置に注目し、それによって区切られている部分の長さを計測すると、四つとも一五拍から成ることに気づく。句読点を基準にして全編に数量的調査を試みると、このような一五拍前後の切れ目が際立って多く、次に、そのほぼ二倍にあたる二八〜三〇拍が多いという結果が出た。それを基本的なリズム単位を二つ重ねて読点を打った箇所と解釈すれば、この一五拍前後を芥川の散文のリズム単位と推測することができる。

そういう仮定のもとに音読してみると、心地よい音調できわめてなめらかに読むことができる。例えば、「その上今日はどう云う訳か、公園の外の町の音も、まるで風の落ちた海の如く、蕭条《しょうじょう》とした木立の向うに静まり返ってしまったらしい」という長い一文も、「木立の向うに」と「静まり返って」との間に読点を仮定すれば、順に一四、一四、一五、一五、一五という、ほとんど同じ長さで整然と分節できることがわかる。

文章の底を流れるそういう諧調に揺られながら、読者はいつか、「おれは籐《とう》の杖《つえ》を小脇にした儘《まま》、気軽く口笛を吹き鳴らして、篠懸《すずかけ》の葉ばかりきらびやかな」と読んできて、読点のないそこで無意識のうちに一呼吸おき、「日比谷公園の門を出た。」と、自然に読むような気がする。

起承転結の明快な作品構成、それに沿って象徴的な語が整然と現れる展開、隅々まで神経の行き届いたこの一編の小品は、そのまま「『寒山拾得は生きている』と、口の内に独り呟《つぶや》きながら。」と倒置させる、そういう高い調子で歌うように閉じられる。

蔦かずら掻きわけて細い山路

太宰治の文章も、口調がよくなるように句読点を操作しているかと疑うほど、太宰節《ぶし》とでも呼びたい独特の《リズム》を感じる。例えば『富嶽百景』中の「蔦かずら掻きわけて細い山路《やまみち》、這《は》うようにしてよじ登る私の姿は」と流れるくだり。通常なら、「蔦かずら」や「山路」の直後に助詞の「を」が現れるはずだ。この作品でも、「急坂《きゅうはん》を這うようにしてよじ登り」、「地下足袋をはいたので」、「角帯をしめ」、「古い麦藁帽《むぎわらぼう》をかぶって」など、他の箇所ではきちんと格助詞の「を」を書いている。「蔦かずらを」で六拍、「細い山路を」で八拍となることを避け、五・五・七、七・五・四・四と刻むこの原文の拍構成はリズミカルだ。こうしてなめらかな太宰節は歌うように流れてゆく。

同じ作品で「このときだけは流石《さすが》に少し、気の毒そうな顔をして」と書いたあたりにも、そういう配慮が感じられる。問題は読点の位置である。これでは、「少し気の毒そうな顔をして」と意味がたどりやすい素直な流れを堰《せ》き止め、「流石に少し」の箇所で読点を打つという強引な選択もまた、文構造の論理より七・七、七・五というリズムを優先させたように思える。そう考えてくると、次を「しかし、男は身なりなんか気にしないほうがいい」と直線的に受けず、「男は、しかし、身なりなんか」と続けたあたりにも、リズミカルな調子の流れに棹《さお》さす表現意図を感じてしまう。

太宰は井伏鱒二と連れ立ってようやく三つ峠の頂にたどり着くが、あいにく「急に濃い霧が吹き流れて来て、頂上のパノラマ台という、断崖の縁《へり》に立ってみてもいっこうに眺望がきかない」。そのあとに作者は、「井伏氏は、濃い霧の底、岩に腰をおろし、ゆっくり煙草《たばこ》を吸いながら、放屁《ほうひ》なされた」と書き、「いかにもつまらなそうであった」と書き添えた。この「放屁」が文学的虚構か否かについては、当人と太宰との間で論争になるのだが、ここでの話題は「濃い霧の底」の直後に格助詞の「で」が省略された事実とその意図のほうにある。ひょっとすると、ここも、「何も見えない。井伏氏は、」という七音・五音の流れを、ぜひとも七音で承《う》けてリズミカルに運びたかったのかもしれない。

厭な奴です、悪い人です

同じく太宰の『駈込み訴え』には、もっと露骨に《リズム》を刻む調子が見られる。「申し上げます。申し上げます。旦那さま。あの人は酷《ひど》い。酷い。はい。厭《いや》な奴です。悪い人です。ああ。我慢ならない。生かして置けねえ」というあたりは極端な例だろう。七五調でも五七調でもないが、明らかに調子をとって進行する。「申し上げます」と「酷い」の部分はまったく同じことばの反復だからわかりやすい。そのあとは、まったく同じことばのくり返しではないまでも、「厭な奴です。悪い人です」のあたりはほとんど同じような意味の文が連続しているのみならず、「厭な」と「悪い」は同じ方向のマイナス評価を伴う形容であり、「奴」と「人」もともに人間をさす名詞として対応しており、どちらも三拍に四拍の続く七拍の文となっている。

そこから「ああ」という合いの手をはさんで続く、「我慢ならない。生かして置けねえ」という二つの文についても、ほとんど同じことが言えるだろう。

「あの人は」から「酷い」に移る際に、仮にそこで一瞬間を置いて読むならば、この引用箇所全体が、途中「はい」と「ああ」という二拍の合いの手で弾みをつけ、七・七・五／五・三・三／二／七・七／二／七・八という調子で、リズミカルに流れることになる。同じ拍数のことばを反復しつつ緩やかな七五調風のリズムを奏でようとしているように聞こえる。

花を待ち、花を惜しむ心が

川端康成の『伊豆の踊子』は「道がつづら折りになって、いよいよ天城峠に近づいたと思う頃、雨脚が杉の密林を白く染めながら、すさまじい早さで麓《ふもと》から私を追って来た」という一文で、弾むように始まる。快い諧調で流れるこの書き出しを、意味をとりつつ朗読するときのリズムは、おおよそ三・六・三、四・七・六・五、五・三・五・三・五、五・四・五・五（四）・五という拍の刻みになるだろう。なめらかな五拍をベースに、時折弾むような三拍を折りこみながら、若々しいマーチの調べで流れるように展開する。

谷崎潤一郎の長編『細雪』には、「古人の多くが花の開くのを待ちこがれ、花の散るのを愛惜して、繰り返し繰り返し一つことを詠んでいる数々の歌、――少女の時分にはそれらの歌を、何と云う月並みなと思いながら無感動に読み過して来た彼女であるが、年を取るにつれて、昔の人が花を待ち、花を惜しむ心が、決してただの言葉の上の「風流がり」ではないことが、わが身に沁みて分るようになった」という流麗な響きの一節が出てくる。

この文章の諧調は、「花の散るのを」「数々の歌」「それらの歌を」「彼女であるが」「昔の人が」「決してただの」「言葉の上の」「わが身に沁みて」というふうに、二文節で七拍になる音のかたまりが基調をなしているらしい。そこに「年を取るにつれて」という三拍の三連続や、「古人の多くが」といった四拍の連続、「開くのを待ちこがれ」「繰り返し繰り返し」といった五拍の連続、「思いながら無感動に」といった六拍の連続など、同じ拍数の文節が続くことも、何となくリズミカルに感じる要因となっているかもしれない。

この谷崎と師弟関係にある円地文子の文章にも、そういう隠然たる諧調を意識してしまう。小説『妖』の「梅雨時のしんめり冷やかな午後であった」と始まる一節もそうだ。ここは自然に「梅雨時の／しんめり冷やかな／午後であった」と読むだろう。直後の文も「千賀子は／その日も」という四拍の連続に続き、「坂に出て――人気の絶えた／往来の静かさに／浸っていた」という分節で読みたくなる。その少し先には「薄鈍《うすに》びて／空に群立つ／雲の層が増して――やがて又／小絶《おだ》えている雨が／降りはじめるのであろう」と読みたくなる一文も現れる。このあたりいずれも、五拍に導かれる三部構成の律動が感じられる。

もう一つ、その「降りはじめるのであろう」という文末から、次の「千賀子はこの季節の白い光線を滲《にじ》ませて降る雨が好きなのである」という一文へと移行する、その文間の〈間〉に注目したい。文が切れたような切れないような微妙な切れ続きが、伝統的な流麗調の抒情的空間を漂わせ、心理的なリズム感をかきたてるように思われるのだ。一九七六年二月五日、東京上野の通称くらやみ坂の途中に建つ自宅を訪問した折、源氏物語の世界を思わせる庭を見下ろしながら「地の文はあんまり崩したくないんです」と語った。これもまた、雅《みやび》の律動なのだろう。

住みにくい。住みにくさが

夏目漱石の『草枕』の冒頭文「山路《やまみち》を登りながら、こう考えた」に続く内容は、「智に働けば角が立つ。情に棹させば流される。意地を通せば窮屈だ。兎角《とかく》に人の世は住みにくい」ということであり、その部分は実に調子がいい。「……すれば……する」「……すれば……だ」という文型のくり返し自体も、展開をリズミカルに進める土台になるが、ここで注目したいのは、その次の「住みにくさが高じると、安い所へ引き越したくなる。どこへ越しても住みにくいと悟った時、詩が生れて、画《え》が出来る」という流れである。

前の段落が「住みにくい」で終わると、次の段落の冒頭文を、その名詞形である「住みにくさ」で始め、さらに、その文が「引き越したくなる」として終わると、その次の文をそれに関連づけて、「どこへ越しても」と始める。このように、先行文の末尾を後続文の頭でくり返すことによって両者が結びつく感じとなるため、文と文との切れ目が目立たず、文章全体がなめらかに流れてゆく。正式には**《前辞反復》**と称するが、俗に**《尻取り文》**と呼ぶこともある。

同じ漱石の『虞美人草《ぐびじんそう》』には、もっと極端な例が出てくる。「何ですか」と「男は二の句を継いだ。」と文を切った直後、次の文を「継がねば折角の呼吸が合わぬ。」とつなぎ、その次の文を今度は、先行文の文末「呼吸が合わぬ」を受けて「呼吸が合わねば不安である。」と続けるのだ。「二の句を継ぐ」「呼吸が合う」という慣用的な連語を利用して、文間の切れ目を目立たなくすると同時に、その尻取りめいた流れで文展開にはずみをつけるのである。

志賀直哉も『和解』で、「その材料へ自分の心がシッカリと抱き付くまでには多少の時が要った。」と文を結び、次を単に「時間が経っても」などと無造作に始めず、先行文の末尾を受け継いで几帳面に「多少の時を経ても」と、あくまでつながる感じを大事にする。

永井荷風も『雨瀟瀟《あめしょうしょう》』で、「いつに変らぬ残暑の西日に蜩《ひぐらし》の声のみあわただしく夜になった。」と文を結んだあと、次を「それからは」と受けず、あえて「夜になってからは」と先行文の末尾をそのまま取り込んで後続文を起こしている。そうして、さらに「立つ秋の俄《にわか》に肌寒く覚える夕といえば何ともつかず其の頃のことを思出すのである。」と文を結び、その段落を閉じたあとにまで、次の段落を「といっても」などと起こさず、わざわざ前の文を受けて「その頃のことと云ったとて」と始める。文章というかたまりを読者に伝えようと試みるからかもしれない。

耳から耳の奥へ、耳の奥から脳のなかへ

同じく前の要素を受けて次をつなげるのだが、それがくり返されるにつれて次第に迫《せ》りあがる流れ

となる場合がある。夏目漱石の随筆『京へ着ける夕』に、「時計はとくに鳴り已《や》んだが、頭のなかはまだ鳴っている」と書き、そのようすを「次第に遠く、次第に濃《こまや》かに、耳から、耳の奥へ、耳の奥から、脳のなかへ、脳のなかから、心の底へ浸《し》み渡って、心の底から、心のつながる所で、しかも心の尾《つ》いて行く事の出来ぬ、遐《はる》かなる国へ抜け出して行く様に思われた」と連鎖的に述べている。

このように《前辞反復》をくり返す形で展開しながら、次第に文意の程度を強める《連鎖漸層法》を用い、心理的な浸透として描き出した例である。

夢と詩があっての人生

昔、著書の見出しや雑誌原稿のタイトルに、「美の文章と文章の美」だとか、「辞書の夢、夢の辞書」だとか、同じことばを並べ替えてくり返す表現のいたずらを楽しんだことがある。思い出すと照れくさい。自分では奇をてらったつもりだったかもしれないが、考えてみると、ちゃんとモデルがあったのだ。「伊勢は津でもつ、津は伊勢でもつ」という調子のいい文句が広く知られている。まさにそういう調子ではないか。古代ギリシャでも、ソクラテスは「人間は生きるために食うべきであり、食うために生きるべきではない」と言ったとされる。どちらも、同じことばの流れを反復した箇所はないが、前半と後半とが対をなし、キーワードがそれぞれ逆の順に出てくる。つまり、《倒置反復》の形になっているために、意味につながりがつき、同時にバランスのとれた表現となっている。

前に紹介した漱石『草枕』の椿の場面にも、「ぱっと咲き、ぽたりと落ち、ぽたりと落ち、ぱっと咲いて、幾百年の星霜を、人目にかからぬ山陰に落ち付き払って暮らしてみる」という流れが現れる。このうちの前半の部分「ぱっと咲き、ぽたりと落ち、ぽたりと落ち、ぱっと咲いて」の箇所は、やはりそういう表現の趣を狙ったものだろう。

宇野浩二は色紙に「夢と詩があっての人生であり、詩と夢があっての文学である」と揮毫したという。これも同じ発想の修辞的試みだが、巧みに対句風に仕立てている。

なお、「数学は理性の音楽、音楽は感性の数学」という、ちょいと気の利いたことばがあるらしい。発想は似ているが、《倒置反復》をもう少し複雑にした構造だ。前半を「数学は…音楽」、後半を逆に「音楽は…数学」と、無関係の二語を結びつけ、それぞれ間に、「理性の」と「感性の」という対照的な語句を配置することで、シンメトリーの外形のうちに意義の融合を企てるテクニックである。その構造から《逆対句》と呼ぶこともあるという。

街に出て街に入り

漱石の『坊っちゃん』に、うらなり先生こと古賀という英語教師の送別会の惨憺《さんたん》たる場面が描かれている。「校長はいつ帰ったか姿が見えない」し、「芸者が三四人這入《はい》って来」ると「一同が鬨《とき》の声を揚げ」たように座敷中が騒がしくなる。その「八釜《やかま》しくて騒々しくって堪らない」部屋で、主賓のうらなり君は「袴《はかま》も脱がず控えて居」り、「手持ち無沙汰に下を向いて」いる。それを見て坊っちゃんは義憤を感じるどころか、すっかり古賀になりきって憤慨し、「自分の転任を惜しんでくれるんじゃない」、「みんなが酒を呑んで遊ぶ為だ」、「こんな送別会なら、開いてもらわない方が余っ程ましだ」と気炎を上げる。こんなくだりに、「自分独りが手持無沙汰で苦しむ為だ」という表現が出てくる。通常なら「自分独りを……苦しませる為だ」となるところだろう。

だが、ここは、そういう情報を追加することより、前文の調子をくり返して大仰に鬱憤《うっぷん》を吐き捨てるところに重点があるのだろう。「みんなが」と「自分独りが」、「酒を呑んで」と「手持ち無沙汰で」、「遊ぶ為だ」と「苦しむ為だ」とをそれぞれ対応させてみると、そこに文法的あるいは語彙的な面での共通性があることがわかる。つまり、そういう調子でリズムを刻み、いわばその啖呵《たんか》を盛り上げる意図があったと考えるのが自然だろう。

こういうセットになった表現は、ほかにもしばしば見られる。室生犀星の『杏っ子』に出てくる「くるまに乗り、くるまを降りて、街に出て街に入り、半分微笑《わら》いかけてまた笑わず」という流れも、対立的な意味の句がセットとなっている点、その好例である。このように並行する一対の表現が、語義あるいは観念上の対照関係を設ける形で、たがいに引き立てながら進行する場合、《対偶法》と呼ぶことがある。

美しい者は強者、醜い者は弱者

それでは最後に、ほんものの《対句》の構造を考えておこう。これは漢文の修辞を採り入れたものらしい。杜甫《とほ》の詩『春望』に「時に感じては花にも涙を濺《そそ》ぎ、別れを恨んでは鳥にも心を驚かす」とあるのはその一例であり、李白《りはく》の詩『静夜思』に「頭《こうべ》を挙げて山月を望み、頭を低《た》れて故郷を思う」とあるのは、さらに典型的な例と見られる。

谷崎潤一郎の『刺青』に「すべて美しい者は強者であり、醜い者は弱者であった」という一節が出てくる。「美しい者」と「醜い者」、「強者」と「弱者」という二組の対立概念を対置させ、「刺青」の世界という古典的な様式美を、鮮やかな対句で描きとった例である。

石川淳の『紫苑《しおん》物語』に「空には光がみち、谷は闇にとざされる」という流れがあったが、そこにも対照的な二者が対をなして展開する、いわゆる対句的な響きが感じられる。

大岡昇平の『野火』における「川」と題する章は、「幾日かがあり、幾夜かがあった」と始まる。「幾日か」と「幾夜か」とを対置させた歌うような一文である。「流れは暗い林に入り、道は林を迂回した」という一文にも、そういうバランスをとった調子が響く。

「川は気まぐれに岸に当って淵《ふち》を作り、または白い瀬となって拡がった」という一文も同様だ。それに続く「日暮れに暗い淵の蔭《かげ》で河鹿《かじか》が鳴き、夜明けには岸の高みで山鳩《やまばと》が鳴いた」という流れなど、典型的な対句の響きと言ってよい。単に「淵の蔭で」と「岸の高みで」、「河鹿が鳴き」と「山鳩が鳴いた」とが対置されているばかりではない。それぞれの冒頭にも、「日暮れに」と「夜明けには」という対照関係が設定されており、両々相俟《あいま》って全体的な対比の印象を強めていることは疑えない。

「ベルグソンによれば、これは絶えず現在を記憶の中へ追い込みながら進む生命が、疲労あるいは虚脱によって、不意に前進を止める時、記憶だけ自働的に意識より先に出るために起こる現象である」といった、小説とは思えない概念的記述や、「林が切れた」「砲声は止んだ」「私は射《う》った」といった乾いた極小の一文をないまぜつつ綴《つづ》るこの作品に、硬質ながらある種の抒情をひたひたと感じるのは、時に歌うように流れる、こういう表現の調子が、読者の耳に心地よく響くからだろう。

まぶしいような。

ことばの選択や配置、あるいは区切りによって、意図的に実現する言語の諧調というものとは別に、いわば書き手の精神の律動が反映しておのずと生ずるリズムのようなものを感じることもある。作者という人間の生の躍動するストロークが文面を波打たせるのだろうか。

雑誌に一年間連載した作家訪問シリーズの始まる八年も前の、一九六九年の十一月二十七日、すぐそばまで来ていた冬が急に遠ざかったような晩秋の晴れた午後に、東京の私鉄京王線に乗って仙川駅で下車し、調布市若葉町の武者小路実篤の邸宅を訪ねた。林の中に大きく開かれた応接間の窓に、主人のお目覚めを待っているという尾長が十数羽集まっていた。

雑誌『白樺』の話題のあと、話しことばが土台になった、飾りの少ない率直な文章に対する意識を問うと、「頭に浮かんだものをそのまま書くんでね、文章を自分で考えることをほとんどしない。自分は筆記してるようなもんなんで」と応じ、「自分の頭を、造ったものに任せて〝私〟を入れずに、自分の頭に次々と浮かんでくることばを書きたい」と、その自然さを強調した。そういう文体はずうっと「変わってないだろうと思いますね、顔が変わらないようなもんで」と、あくまで自然体だ。

『お目出たき人』も一見めちゃくちゃに素人くさい文章だ。用語にも文末にもまったく無頓着で、一人称としての「自分」が各文に何度も連続して現れ、「そうして」という接続詞や「その後」という接続語が何度でもためらわずに続く。文末も同様、過去形が四回続き、現在形が八回続いても、ちっとも驚かない。そんな体裁にはまったくこだわらないらしい。短い文が「……た。……た。……た。」と行進する文末の響きが、結果としてある種の音声的リズムを奏でたりする。

「自分と鶴の関係はあらまし以上のようなものだ」「自分はまだ、所謂《いわゆる》女を知らない」「夢の中で女の裸を見ることがある。しかしその女は純粋の女ではなく中性である」「自分は今年二十六歳である」「自分は女に餓《う》えている」と、ほとんどが、短い一文が一つか、多くて二つだけの小さな段落だ。それがいくつも並び、各行の頭が同じ高さにそろうので、改行してあることさえわかりにくい。こういう淡々とした表現形式が除湿の効果をあげる。じめじめしやすい内容を、こだわりのないからりとした表現態度で、過不足なく率直に綴《つづ》り、しかも、その段落間にほとんど接続詞も現れない。その結果、文間の空隙と段落間の空隙が重なって、幾枚かの文学的空間がひらめきつつ読者の前をよぎる。そういうフラッシュ効果が散文的な内容を詩的にする方向に働くのだろう、内容からは奇跡的とも思える軽快なテンポが生まれる。

天衣無縫のこの作家は、『友情』に「自然はどうしてこう美しいのだろう。空、海、日光、水、砂、松、美しすぎる。そしてかもめの飛び方のいかにも楽しそうなことよ。そして人間にはどうしてこんなに深いよろこびが与えられているのだろう。まぶしいような。彼はそう思った。自分のわきに杉子がいる。」という手放しの一節を、何の恥じらいもなく書いた。躍動する精神のリズムが波打ち、いずれも奔放自在、桁外れの文体が読者の心に響く。

対話の間、こういう古代人めいた大きさに圧倒されていた。玄関でいとまを告げ、門までの長い坂を登りながら、この作家が目を細めて話されたあの池はどこに、と眺めると、林の奥から子どもたちの声が聞こえてきた。木々の間にかすかに光るものが見え、声は水面に響いて遠くから流れてくるようだった。屋敷跡は今、実篤公園となっているという。再訪したことはない。

四　溢れる言語——【付加】

接叙法＝接続詞を多用し、切れ目のない文展開にする
挙例法＝具体例を添えて理解を容易にする
点描法＝対象の部分部分を描き、非連続の集合としてイメージ化する
詳悉法＝あらゆる面を必要以上に詳細に述べ尽くす
列挙法＝まとめて描かず、部分的な言及を並べ立てる
ためらい＝表現の選択に迷う過程自体を述べる

そして……やはり……もっとも……

いかなる文章も、対象のすべてを同時に描ききるわけにはいかない。それが言語表現である限り、伝達すべき対象を分節し、それを時間的な前後関係に置かねばならない。ところが、その対象となる素材のほうは、むしろ例外なく、時間的・空間的な連続として存在している。表現と対象とのこの必然的な乖離《かいり》を少しでも目立たなくしようと、作家はその隙間を埋めようと工夫する。ひとつながりの対象をひと続きの文で表現できれば理想的だが、一編の小説を一つのセンテンスでまとめることは現実に不可能だ。そこで、文の切れ目を接続詞や接続助詞などでつなぎ、隙間をカモフラージュして、

可能な限り一体感を印象づけようと試みる。その意識的で極端な場合が《接叙法》と呼ばれる。

大岡昇平が『武蔵野夫人』で、「そして彼女の媚態《びたい》は要するに食事のように日々の必要に過ぎず、それ自身何の意味のない物であったから、問題はやはり彼女がそれを何らかの結果に押し進めようとするか否かにかかっていた。そして我々の今見る段階では、彼女は何も志していなかった。もっとも食卓から立ち上る時、ちょっとよろけて勉の肩に手をおいて行くくらいのことはした。そしてそれが彼女が必ずしも誰にでも示す種類の媚態ではないのは事実であったが。」というふうに、だらだらとつながる文展開を試みたのもそういう文章実験だったような気がする。

ここで、「彼女」というのは大野富子という三十歳の女性。戦後のインチキ会社の社長の妻で、女学生の時分からとかくの噂のあったコケティッシュな人物である。ここは、その女の媚態を、時間的にも空間的にも広く見渡せる、いわば神に近い視点から分析的に述べている箇所である。そのため、作品内のディテールがそれぞれ意味あるものとしてつながり、隅々まで統制の利いた記述となっている。「富子の勉に対する好意の範囲」が正確に測りがたいのは、当人の日頃の媚態の在り方のせいだと述べる、このくだりも、いくつもの文を一つ一つ接続詞でつなぎ、作者は全体を有機的統合として見る奥の眼を光らせる。

勉という復員して来た二十四歳の青年を、富子が娘「雪子の家庭教師として招《よ》んだのが、普通の気紛れ以上の何かを含んでいたのはたしか」であるが、しかしそれは「普通の媚態《びたい》のマンネリズム」の域を超えるものでないことから説明を始め、以後は引用文に試みたように、「そして……それ自身……であったから……やはり……それを……かかっていた。そして……志していなかった。もっとも……くらいのことはした。そしてそれが……事実であったが」と、緊密に絡み合った関係として隙間なく述べ尽くす。そうして次の段落も、「秋山はしかしこういう……」と、やはりつながりを明示しながら進行するのである。

その揚句が、蕎麦が食いたい、何?

「大変な力持ち」とか「恐るべき怪力」とかと評するより、「両脇に怪我人を一人ずつ抱えて走る」とか「故障したバスを後ろから押して坂を登る」とかと例を示すほうが、相手は感覚的に納得しやすい。一般に、抽象的な思考や概念的な内容は、ことばを尽くして説明するより、具体例を示すと、相手にわかりやすく伝わる傾向が強い。実生活で誰でもやっていることだが、表現技術の一つとして《挙例法》という名で呼ぶことがある。

里見弴の『本音』に、「徹夜の仕事のあと、あまり空腹だと寝つかれないので、軽くパンくらい食う、それが終るか終らないに、予科で、八時初りの多い欽造の朝飯、暫《しばら》くして森山、寝坊な昌一がその次、三時半頃に、主人《あるじ》たちの朝飯、五人家内の風呂、六時には森山と兄弟二人の晩飯、少しおくれると、腹がすいたで大騒《おおさわぎ》、それをひとたてすまして、たいてい一人や二人は客のある、晩酌で、たっぷり二時間もかかる晋蔵たちの晩飯、客の帰るのが、十二時前ということはめったになく、その揚句が、蕎麦《そば》が食いたい、何？　もう間に合わない？　じア、パンかお雑炊でも、と無遠慮に寝夜食を請求する客もある、その間に、女中たちの三度の食事や入浴も挟まるのだから、その総《すべ》てに気を配らなければならないおこうの忙しさというものは、いい加減な料理屋、待合の女将《おかみ》の、遠く及ぶところでなかった。」という一節が出現する。

形式的には、これ全体でたった一つのセンテンスになっている。要するに「おこうは大変忙しい」ということなのだが、そう書けば一〇字にも満たない内容を、ここでは実に三五〇字にも及ぶ恐るべき長大な一文に仕立ててある。まるで読者をからかってでもいるような、ほとんど冗談めいた書き方に見える。そういう忙しさを概念的に伝達するのではなく、場面ごとの具体的な行為として読者に体感的にわからせるのが狙いだろう。寝つく前の軽食、時間の違う三人それぞれの朝食、午後になっての主人たちの朝食、五人家内の風呂、三人分の夕食、来客を交えた晩酌つきの晩飯、夜が更けるまで続く客の接待、客の夜食の世話、女中たちの三度の食事、それに入浴、そんなふうに具体例で示し、会話まで盛り込んで述べたてることをとおして、「いい加減な料理屋、待合の女将の、遠く及ぶところでな」い、おこうの殺人的な忙しさを読者が自分のことのように実感できるのである。

大きな鼻、静かな口、長く延びた眉毛

島崎藤村の長編『夜明け前』に「大きな鼻、静かな口、長く延びた眉毛、見慣れた半蔵の眼には父の顔の形がそれほど変ったとも映らなかった」という一節がある。青山半蔵の眼に映る「父の顔」を全体像としてとらえるよりも、それを構成する「大きな鼻」「静かな口」「長く延びた眉毛」という個々の点を、たがいに関連づけずにばらばらに並べてある。

田山花袋の『港より島へ』にも、「石垣を積み上げた町家《まちや》の裏——欄干を取回した二階だの、雁木《がんぎ》だの、赤い腰巻を出して物を洗っている女だの、釣をしている男だの、そうしたものが一つになって日に照らされ、キラキラとして眼の前を通って行った」という一節が現れる。ここでも、「石垣を積み上げた町家の裏」という見出しめいたものを掲げ、それを全体として描写せずに、「欄干を取回した二階」、「裏口」、「雁木」、「赤い腰巻を出して物を洗っている女」、「釣をしている男」という五つの点景を散らして「そうしたもの」と括る形で風景を描いてみせる。

このように、ある対象を描く際に、その全体像や印象を一つの流れとして描かず、それを構成しているいくつかの要素をちりばめる描写法を《**点描法**》と呼ぶことがある。対象を面として描かず、点

の集合として描く絵画の手法をかりた名称である。

奇妙な……しかし……だが……また……それでいて

「艶けしの金色の髪」、「繻子《しゅす》のような肌」、「コンパスで線を引いたかと思われる」額、「灰色がかった青の、子供の眼のように澄んだ両の眼」、「弓なりの眉毛の線」、「卵形」の顔だち、「頬骨の、暗い、初々しい、ベンガルのばらのように甘美な色」、「透きとおった瞼《まぶた》」、「長いまつげ」、「ほとんどひよわいと言える位で、乳のような白さを帯び」た頸《くび》、「十八世紀のつけぼくろのような、こまかい幾つかのそばかす」、「少々人をばかにしているみたいで、才気走ってもいれば厚ぼったくもあ」る唇、「柔軟な」胴体、「少々肉のうすい肩」、「ばら色の鼻孔のあいた、小鼻の輪郭のしっかりしたギリシア型の鼻」、「おぼろげでしかも利発そうな顔つき」、「口もとの肉感的な表情」、「あらゆる物音にめざめさせられる油断のない敏感な耳」など、寺田透訳で原稿用紙四枚近くに及ぶ、バルザックの『モデスト・ミニヨン』中の一節をあげて、三島由紀夫は『文章読本』で「これほど執拗《しつよう》な顔の描写を知りません」と呆《あき》れている。

対象を描写するにあたり、このように、あらゆる面をとりあげて必要以上にくわしく述べるやり方を、一つの技法と見て《詳悉法《しょうしつほう》》と呼ぶことがある。漱石が『草枕』で「口は一文字を結んで静である。眼は五分のすきさえ見出すべく動いて居る。顔は下膨《しもぶくれ》の瓜実《うりざね》形で、豊かに落ち付きを見せているに引き易えて、額は狭苦しくも、こせついて、所謂《いわゆる》富士額の俗臭を帯びて居る。のみならず眉は両方から逼《せま》って、中間に数滴の薄荷《はっか》を点じたる如く、ぴくぴく焦《じ》慮《れ》て居る。鼻ばかりは軽薄に鋭どくもない、遅鈍に丸くもない」と細かく描いてみせた一節は、スケールこそ違え、詳悉描写の一例と見られる。木村毅は『新文章読本』で、仮に「端粛」という形容があてはまるとしても、それで済ませる簡潔な描写と比べ、実質的なゆたかさを表現し得ていると高い評価を与えている。

ことばの圧倒的な付加により、その執拗な詳密性が読者をあっけにとらせる例となれば、何と言っても井上ひさしの長編『吉里吉里人』の書き出しをあげないわけにはいかない。なんとこの小説は、「この、奇妙な、しかし考えようによってはこの上もなく真面目な、だが照明の当て具合ひとつでは信じられないほど滑稽な、また見方を変えれば呆気《あっけ》ないぐらい他愛《たわい》のない、それでいて心ある人びとにはすこぶる含蓄に富んだ、その半面この国の権力を握るお偉方やその取巻き連中には無性に腹立たしい、一方常に材料《ねた》不足を託《かこ》つテレビや新聞や週刊誌にとってははなはだお誂《あつら》え向きの、したがって高みの見物席の野次馬諸侯にははらはらどきどきわくわくの、にもかかわらず法律学者や言語学者にはいらいらくよくよストレスノイローゼの原因《もと》になった、この事件を語り起すにあたって、いったいどこから書き始めたらよいのかと、記録係《わたし》はだいぶ迷い、かなり頭を痛め、ない智慧《ちえ》をずいぶん絞った。」

という、実に三百数十字にも及ぶ長大な一文から始まるのである。

「この、奇妙な、しかし考えようによっては」と書き出され、「だが照明の当て具合ひとつでは」と続くあたりまでは、一般の読者はさほど警戒心も起こさず、素直に読み進むだろう。ところが、この一見おそろしく慎重な書き出しは、なおも、「また見方を変えれば」、「それでいて」、「その半面」、「一方」、「したがって」、「にもかかわらず」と、たゆたいながらどこまでも流されていく。

しかも、単に長いというだけではない。冒頭の「この」から、はるか先の「ストレスノイローゼの原因になった、この」に至る、恐ろしい長さの連体修飾は、やがて「事件」という一つの名詞にたどり着く。小説の書き出しの部分だから何の文脈も働かない。したがって、そこまでの二百数十字に及ぶ修飾部分は、何に対する説明なのか不明のまま、読者はわけもわからずに強引に読まされる結果となる。おそらくはそれこそが狙いなのだろう。

この長大な修飾部分のうち、どれが必須でどれが不要かと穿鑿《せんさく》してみても始まらない。情報伝達という観点にしぼるなら、ほとんどの表現が無駄だとも言える。だが、作者の意図に沿って考えれば、どのことばもそれなりの存在理由があって置かれているはずだ。まさにことばの氾濫《はんらん》する圧倒的な感じを出すために、無駄に見える多くのことばがそれぞれの役割を果たしているはずなのだ。ことばの洪水で読者を煙《けむ》に巻く。こういう物理的にも大きなスケールを得て、表現は初めて迫力のある量感を獲得できるのだろう。

ケーキ米麦砂糖てんぷら

漱石の『坊っちゃん』で、主人公は、赤シャツのことを貶《けな》すのに、「ハイカラ野郎の、ペテン師の、イカサマ師の、猫被《ねこっかぶ》りの、香具師《やし》の、モモンガーの、岡っ引きの、わんわん鳴けば犬も同然な奴《やつ》」とまくしたてる。こんなふうに、同格のことばを次から次へと並べ立てる表現の仕方を《列挙法》と呼んでいる。

里見弴の『本音』にも、「総領らしい弱気、強情、甘ッたれ、我儘《わがまま》、お洒落、お茶ッぴい、泣き虫など、あらゆる幼い感情を、のうのうと展《の》べ放題に育って」というくだりが出てくる。ここの「弱気」から「泣き虫」までの流れも、同様の列挙の例である。

開高健は『日本三文オペラ』で、「娼婦《しょうふ》、ポン引、猥本《わいほん》売り、めちゃな年頃の大学生、もの好きざかりの中学生。ヒロポンの切れた三白眼《さんぱくがん》。ばくちに負けた奴。ひとの財布を狙う奴。頭にいっぱい淫《みだ》らな幻想のかけらをつめこんだ工員。毛のついた内臓を生のまま頬張る人夫」と列挙し、それらが「ぼうふらの群れのようにひしめきあっている」と展開した。

同じ作者の『最後の晩餐《ばんさん》』には、「逮捕、流刑」のあと、さらに「徒刑、拷問《ごうもん》、悲鳴、呻吟《しんぎん》、忍苦、絶叫、落涙、沈黙」と畳みかける例も出てくる。こうして一〇個もの二字漢語を列挙することで、「エピソードの大洪水」ぶりが感覚的にわかりやすく伝わると考える、きっとこの作家なりの文学の方法なのだろう。

単語の長さや語種の統一も意に解さず、ただずらずらとことばを並べ立てる試みも見られる。野坂昭如の『火垂《ほた》るの墓』には、ほとんど区切りさえなく物の名を際限なく並べた例が出現する。「蒸し芋芋の子団子握り飯大福焼飯ぜんざい饅頭《まんじゅう》うどん天どんライスカレーから、ケーキ米麦砂糖てんぷら牛肉ミルク缶詰魚焼酎《しょうちゅう》ウイスキー梨夏みかん、ゴム長自転車チューブマッチ煙草《たばこ》地下足袋おしめカバー軍隊毛布軍靴《ぐんか》軍服半長靴」と、品物の名前が三十数個も、読点の区切りさえほとんどなしに、ずらずらっと並ぶ箇所である。

やたらに並ぶとはいっても、なんらかのルールはあるようにも読める。「団子毛布夏みかんマッチうどん焼酎おしめカバー大福軍靴てんぷら…」などと乱雑きわまる列挙とは少し違う。じっと見つめていると、「うどん天どんライスカレー」とか「焼酎ウイスキー」とか「梨夏みかん」とか「ゴム長自転車チューブ」とか「マッチ煙草」とか「軍靴軍服半長靴」とかと、なにがしかの類別が働いているような形跡は感じとれるからである。

読点さえ極度に節約しながら蜿蜒《えんえん》と続く物の列を眺めてみると、そういう部分的なまとまりも、乱雑な散らばりぐあいも、そういう現場の模写であったかのように見えてくる。ただ品物の名を手当たり次第に並べ立てたというよりも、現実に物がそんなふうに並んでいるように読めるのだ。「ケーキ米麦砂糖てんぷら…」とベタ書きすることで、品物がたがいに接触しながら並んでいるようすが想像され、「夏みかん」と「ゴム長」との間に打ってある読点が、その間のわずかな隙間を暗示しているようにも見えてくる。

いずれにしろ、「雑多な物がぎっしりと並んでいる」といった概念的な記述に比べ、食べ物と道具類などを粗っぽく区切りながら、物品が所狭しとごちゃごちゃ置かれているイメージを喚起させやすく、猥雑な雰囲気を想像させる効果をあげていることはたしかだろう。

もう一つ、小田実《まこと》『何でも見てやろう』から、今度は部分的な類別を加えながら、全体として盛り上がる、そんな表現の爆発的エネルギーで読者を圧倒する例を示そう。

それはまず、「ばかでかい理性、情熱、洞察力、想像力、空想力、ばかでかい好奇心、もの好き、陽気さ、のんきさ」と、「ばかでかい」と評価する対象を五つと四つの二系統に分けて名詞を列挙する。次いで、「あるいは」として「途方もない」という評価が続き、「怒り、悲しみ、笑い」という三つの名詞を列挙し、さらに「あるいはまた」として「野放図な」という評価が続き、「食欲、咀嚼《そしゃく》力、消化力」という三つの名詞を列挙してある。次にダッシュを置いて、そこまでをひと括りとし、「そういったものの根底には、おそらく、ばかでかい人間エネルギーが存在し爆発しつづけているのであろう」と結論づけて結ぶ。

最初の「ばかでかい」を受ける五個の名詞はすべて、二字漢語またはそれに「力」のついた三字漢語。二番目の「ばかでかい」を受ける四個の名詞は、意味の似た二語ずつの組み合わせ。次の「途方もない」を受ける三語は、いずれも和語動詞からの転成名詞。「野放図な」を受ける三語は、最初のグループと同様、いずれも二字漢語もしくはそれに「力」のついた三字漢語。このように整然と配置された、「理性」から「消化力」に至る四群、計一五個の名詞に共通する母胎を、三度目の「ばかでかい」という形容詞のもとに「人間エネルギー」として一括した文章構造となっている。

かつてのアメリカという国にたしかに感じられた、ほとんど信じがたいバイタリティー、そのものをなす驚異的なエネルギーを全身に浴びた日本人の感動が、読む者を体ごと揺するような圧倒的な勢いで拡がってくるのは、ことばが指示する情報のせいだけではない。伝えることば自体の力、こういうただならぬ表現の形やふるまいが、その活力を増幅し、読者をのみこもうとするからである。

理解しない、或はしたくない

漱石は『行人』で一度「其時兄は常に変らない様子をして」と書きながら、その断定調に気がさしたか直後に、括弧つきで「嫂《あによめ》に訝させると常に変らない様子を装って」と書き添えている。執筆過程を言語化し、躊躇《ちゅうちょ》の跡を文面に残す技法を《ためらい》と呼ぶ。

小林秀雄は『Xへの手紙』で、「女は男の唐突な欲望を理解しない」と書き、すぐ「或は理解したくない」と続け、さらに括弧に包んで「尤《もっ》もこれは同じ事だが」と注記した。その少し後でも、「男は女のとぼけ方を理解しない」と書き、すぐ「或はしたくない」と続ける。『アシルと亀の子』で、「仰々しく」と書いては「颯爽《さっそう》としているという人もあるかもしれない」と付記し、「粗雑な論理」と書いては「簡潔だという人もあるかもしれない」と注記するのも同様だ。技巧と見るより、同時的な思考を時間軸に沿って線条的に表現するほかはない、言語という手段の制約上くりひろげられる、批評家の死闘を読みとるべきかもしれない。

太宰治が『狂言の神』で「暗鬱でもない、荒涼でもない、孤独の極でもない」から「打算でもない、愛でもない、救いでもない」まで、実に二〇回も「…でもない」とくり返してみせたのも、「…である」と書けないからであり、結局、「言葉でもってそんなに派手に誇示できる感情の看板は、ひとつも持ち合せていなかった」として投げ出してしまう。伝えたかったのは情報ではなく、そういう心のたゆたいだったのかもしれない。

五　雄弁な沈黙――【省略】

主辞内顕文＝文脈に依存し、主語を明示しない
断叙法＝文間の接続語を省き、各文のつながりを断つ
省略＝文中の一部の語句を省くことによって効果を狙う
省筆＝隅々まで描かず簡潔に表現する
警句法＝一般真理を短く表現し独立させる
情報カット＝相対的に価値の低い情報を表現しない
場面カット＝作品展開上次に予測される場面全体をそっくり省く
黙説法＝枠組みだけを示し、具体的な内容を省く
頓絶法＝ダッシュやリーダーで省略を表示し、言いさしのまま文を結ぶ
中断法＝文の途中にダッシュやリーダーを挿入し、言いよどむ感じを出す
体言止め＝述語などを省略し、体言で文を閉じる
名詞提示＝情報の周囲を切り落とし、中核部の名詞だけを掲げて示す
省略暗示＝省略のないことを主張する形で、逆に省略をほのめかす

これには面喰った

日記をつけるとき、例えば、「きのう神田へ行った」と書いて、誰も不思議に思わない。日本語では、何も断らなければ自分のことだから、特に日記などでは、よほど曖昧な場合を除き、いちいち「私は」

とか「僕は」とかとわざわざ一人称の主語を書くような無駄はしない。このように、特に省略したという意識もなく日本語ではごく自然に生じる現象だから、これを主語の省略とは考えない。しかし、それでも、あえて主語を明示する論理重視の表現に比べていくらか主観的な印象になりやすい。そのため、文脈上明らかだとして主語を明示しない場合も一つの表現選択と考え、言語美学の小林英夫は《**主辞内顕文**》と呼んだ。

小沼丹の『煙』に極端な例が現れる。死んだはずの人間が生きていると聞いて、「これには面喰《めんくら》った。何故そんな間違が生じたのか理解に苦しむが、どうやら誰か他の人と取違えて、親爺《おやじ》が死んだと思い込んでいたらしい。親爺には悪いことをしたな、と云ったら、天狗は、死んだと思われると却《かえ》って長生するそうですから、と如才無いこと云ったから可笑しかった」という一節がある。ちなみに、ここの「天狗」は、鞍馬山に棲《す》む鼻の高い妖怪ではなく、作者の友人山本亨介が新聞の将棋欄を担当する際に用いた「天狗太郎」の略称。

その人物の場合を除き、「面喰った」、「理解に苦しむ」、「他の人と取違え」た、「親爺が死んだと思い込ん」だ、親爺に「悪いことをした」、そう「云った」、「可笑しかった」という行為の主体である人物を示すことばが、文面にまったく姿を現さない。それは、すべて一人称で扱うべき主語だからである。それが文面に出ないほうが、読者はそこに身を置き、わがことのように読みやすく、なめらかに作品の内側に誘いこまれるのだろう。

室生犀星は『愛猫抄』で「庭へ出た。何気なく地面を見ると、光った網のようなものが一杯に引かれてある。見ると蜘蛛《くも》の巣張りがはじまっているのだ」と書いている。ここでも、誰が「庭へ出た」のか、「地面を見る」人物が誰なのか、一切書かれていない。どちらの動作の主体も言語的に明示されていないが、読者はそれを文脈から推測する。この場合は、前の段落に「男はぼんやり立ちながら、やっぱり湯に行ったのだなと考えた」という文があるから、「男は」というその主語の支配が、次の段落にまで及んでいるものと読者は理解する。「女」が「石鹼やタオルを一杯につめこんだ箱をかかえ」、玄関の格子戸を開けて出て行ってから一分と経たないうちに、「ぶらりと勝手口の戸をあけて這入《はい》ってきた」気がして、男が声をかけてみたが、勝手から何の物音も聞こえない。そこで、自分の気のせいだとわかり、「男」が「女の留守というものは妙に変な気をおこさせるものだ」と考える場面である。

問題の箇所はその続きだから、「庭へ出た」という文の行為の主体は当然その「男」だと解釈するだろう。ここは「女」や「猫」や「蜘蛛」などと誤解される恐れはないから、知的な情報伝達という面では何の問題もない。だが、「男は庭へ出た」と主語を明示する書き方とどこか感じが違う。行為の主体を文脈にゆだねたこの原文は、それだけ一文の独立性が失われ、各文の文脈依存度が高まる。そのため、文章が全体的に融合した雰囲気となり、主観性を帯びる。読者は心理的に主人公に寄り添い、その立場から一喜一憂しやすい。

川端康成の小説『千羽鶴』のクライマックスでは、さらにそういうけはいが増す。「大きい破片を四つ、掌《てのひら》のなかで合わせると、茶碗の形になったが、口のひとところが足りなかった。親指のはいるほど欠けていた」と書いて改行し、「その破片もあるかと、石のあいだをさがしたが、すぐにやめた」と続ける。そして、「目を上げると、東の木の間に、大きい星が一つ光っていた」と、その心境の急変のきっかけを描く。

菊治はためらいつつ顔を出したひそかな見合いを兼ねた茶会の席で、亡父の女であった太田未亡人と再会する。「思いがけない出会いが、はっとうれしかった」夫人は「いかにもなつかしげ」な表情を浮かべる。帰路、「振り切る折をうしなって」、どちらが誘惑したということもない自然さで、二人は思いがけない時を過ごすこととなる。行為のあとで、見合いの茶席と知った夫人は「なんて罪の深い女なんでしょう」と「円い肩をふるわせた」が、やがてみずから命を絶つ。

娘の文子はその母の遺愛の品である志野の筒茶碗をひとたび菊治に渡すが、「もっといい志野」と比べられることを怖れ、割ってしまう。「最高の名品こそ母の形見に、と一筋にねがう文子の言葉」は「最高の感情にほかならぬ」と受けとった菊治は、翌朝、つくばいの前の石にその破片が落ちているのを拾いかけるが、「みずみずしい星にたいして、茶碗のかけらを拾い合わせていることなど、なさけなく思え」て、拾った破片も捨ててしまう。「もっといい志野がありますもの」ということばに「哀切な純潔の余韻を深め」、その文子も菊治の前から姿を消し、行方がわからなくなる。破片を掌の中で合わせ、なおも欠けた破片をさがす人物、星を見て情けなくなり、拾った破片も捨ててしまう人物、そういう行為の主体が文面にまったく記されない。

こういう《主辞内顕》の文連続にひたる読者はいつか自分がすっかり菊治の身になって読んでいることに気づく。ことごとく文脈にゆだねて寡黙《かもく》に展開する文章は、しっとりと濡れて、作品のテーマと光りあっているように感じるのは、どうやら気のせいとばかりも言えないようである。

呼びました。抱きました。徒労でした。

谷崎潤一郎が『文章読本』で絶讃《ぜっさん》したこともあって、長い間、名文の代表的位置にあった志賀直哉『城の崎にて』に、「或る朝のこと、自分は一匹の蜂が玄関の屋根で死んでいるのを見つけた。足を腹の下にぴったりとつけ、触角はだらしなく顔へたれ下がっていた。ほかの蜂は一向に冷淡だった。巣の出入りに忙しくそのわきを這《は》いまわるがまったく拘泥する様子はなかった。忙しく立ち働いている蜂はいかにも生きている物という感じを与えた」という一節がある。

この随筆は、山の手線の電車にはねられて重傷を負いながらも一命をとりとめた作者が、その後養生に出かけた城の崎温泉で、小動物のさまざまな死を目撃し、死を透かして生を見つめた思索の一編である。引用した一節は、以下、「その傍に一疋《いっぴき》、朝も昼も夕も、見る度に一つ所に全く動かずに俯向《うつむ》きに転っているのを見ると、それが又如何にも死んだものという感じを与えるのだ。それは三日程その儘《まま》になっていた。それは見ていて、如何にも静かな感じを与えた。」と続き、「淋しかった。ほかの蜂が皆巣へ入ってしまった日暮れ、冷たい瓦の上に一つ残った死骸を見ることは淋しかった」と展開する。接続詞で始まるこの段落の最終文「然《しか》し、それは如何《いか》にも静かだった」にたどりつくまでの一〇個の文が一つの接続詞をも介さずに連続して現れることに注目したい。書き手の解釈というものを映し出す接続詞というものが介在しないことによって、かなり主観的なはずの表現内容がむしろ客観的な印象を与える事実に深く関連すると思われるからである。

これなどは、おそらく作者の無意識の表現活動の結果にすぎなかろうが、意図的に文間の接続詞を省く表現を一つの技法と見て、《断叙法》と呼ぶこともある。

そういう接続詞の欠如が、文章の奥にいる書き手の表現のしぐさを感じさせる、もっとわかりやすい例を紹介しよう。坂口安吾『桜の森の満開の下』のラストシーンである。山賊が女を背負って「満開の花の下へ歩きこ」んだとき、背中の女が「鬼であることを感じる」。「口は耳までさけ、ちぢくれた髪の毛は緑」で、「全身が紫色の顔の大きな老婆」を振り落とそうとするが、しがみついている「鬼の手に力がこもり彼の喉《のど》にくいこ」む。そして、「ふと気が附いたとき、彼は全身の力をこめて女の首をしめつけ、そして女はすでに息絶えて」いた、そんな場面である。作者はその瞬間の山賊のようすをこう描く。

「彼の呼吸はとまりました。彼の力も、彼の思念も、すべてが同時にとまりました。女の屍体《したい》の上には、すでに幾つかの桜の花びらが落ちてきました」と記した直後に、その行動を、「彼は女をゆさぶりました。呼びました。抱きました。徒労でした。彼はワッと泣きふしました」と、短文の連射で畳みかける。この表現の意図を想像してみよう。

この五つの極度に短い文の連続を、もしも「彼は女をゆさぶって呼んだり抱いたりしましたが、徒労だったのでワッと泣きふしました」とたった一つの文にまとめたとしても、全部で四〇字程度にすぎず、小説の文として平均的な長さにしかならない。それを五つもの文に切り離したのはなぜだろう。また、短く切り離すとしても、「彼は女をゆさぶりました。そして、呼びました。それから、抱きました。しかし、徒労でした。それで、ワッと泣きふしました」というふうに書かず、文と文との間の四箇所を、どの一つもそういう接続詞でつながなかったのはなぜか。

実は、この二つの問いは連動しているのである。まず、全体を一つの文にまとめるためには、「ゆさぶる」「呼ぶ」「抱く」という三つの行動の時間的な前後関係や、それらと「徒労」、その「徒労」と

「泣きふす」との因果関係を認識し、それらの個々の文どうしの関係を決定しなくてはならない。一方、接続詞は事実と事実との間にあらかじめ存在する論理的関係を客観的に指示するのではなく、その両者の関係をどうとらえるかという、表現する人間の主観的な認識を反映するため、文と文との間を接続詞でつなぐ際にも、それぞれの文の表す事実関係をきちんと認識している必要がある。そう考えてみると、作者がこの場面で、一つ一つの行為ごとに文を切り離し、その間に一つの接続詞をも介在させなかった《断叙法》の意図が推測できる。

傍観者の冷静な眼には当然見えている、そういう論理関係も、一緒に暮してきた女を自分の手で殺してしまったかと動顛《どうてん》し、あわてふためいている渦中の男の神経には想像だにできない。接続詞抜きの短文が連続するこのあたりの文章は、意図的に文間のつながりを断ち切ることによって文章の活力を増す。それだけではない。これは大変なことになったと、ただおろおろするほかはない山賊自身の心理を映しながら、同時に、その現場の空気を忠実に描きとった絶妙な表現であったと言うことができるだろう。

いやだわ。一番肩の張るお客さま。

「が」「を」「に」などの格助詞が欠落している場合などを除き、一般に《省略》という事実を客観的に判断するのはむずかしい。しかし、すっきりとした印象を受ける文章というものをそういう眼で見直すと、曖昧を許さぬ論理一辺倒のがんじがらめの文章に比べ、筆を抑え、精密な情報伝達という点ではむしろ論理上の隙間を残していることに気づく。

例えば、二人のこんな対話があったとしよう。「休暇になったから俺は俺の郷里へ帰ろうと思ってお前の所へやって来た」「もう休暇になったのかね。俺は休暇になったことにちっとも気がつかなかった。でも、俺はこんどは俺の郷里へ帰らないつもりだよ」「どうしてお前はこんどはお前の郷里へ帰らないんだ」「どうしてって、俺はこんどは俺の郷里に帰りたくないからさ」とでもいった調子で隙間なく展開したとする。これではいかにも風通しが悪く、当人たちにとってくどいだけでなく、聞いている側でも、息が詰まりそうだ。

ちなみに、梶井基次郎の『冬の日』では、「休暇になったから郷里へ帰ろうと思ってやって来た」「もう休暇かね。俺はこんどは帰らないよ」「どうして」「帰りたくない」というやりとりになっている。話の流れは筋としてそっくりだ。これでも特に省略した感じはないが、はるかにすっきりとした印象に変わるだろう。通常あるべきことばを表に出さない露骨な《省略》とは別に、表現の無駄を切り捨てて文章を簡潔にし、余韻を期待する書き方を時に《省筆》と呼んで区別することがある。すっきりと感じるのは、表現の節度にある。

川端康成の『雪国』を例にして、そのへんの呼吸を探ってみよう。まず、わかりやすくべったりと説明すれば、「あなたの前でわたしが長唄を歌うなんて、わたしはいやだわ。どうしてかっていうと、だいたい、わたしは、知らない人の前なら大きな声で歌えるけれど、なじみの人の前では声が出ないたちなの。それにあんたは舞踊の研究とか批評のような文章までお書きになるぐらい、こういう道に素養があるし、そのうえ、なじみ中のなじみでもあるし、わたしにとっては、一番肩の張るお客さまってことになるんですもの」とでもいうような内容を、作者はそこで、ただ「いやだわ。一番肩の張るお客さま」というだけの、その一割にも満たない言語量で表現してみせた。

その発話を受ける地の文「と、駒子はちらっと下唇を噛《か》んだ」の箇所も、下唇を噛みっぱなしで発音できる器用な人など考えられない以上、通常は「と」の次に「言って」程度のことばはあるはずだ。そういうわかりきった動詞をことばにせずに、作者はいきなり下唇を噛むという次の動作へと跳び移ってしまう。

そのあと、「三味線を膝に構えると、それでもう別の人になるのか、素直に稽古本を開いて」と地の文を続けて行を改め、「この秋、譜で稽古したのね」という駒子の短い発話を記して、また改行し、ただ、「勧進帳であった」というだけの極小の地の文を添えた。ここでも著しい《省筆》の姿勢を示している。そういう短い会話文を誰が発したのかという主体に関する情報を先行文脈にゆだねただけではない。その会話文の直前に記した「素直に稽古本を開いて」という修飾部分が連用的にかかっていく、そのかかり先も、この発話にのみこまれる形で姿を消したままだ。

その発話に続く「勧進帳であった」という短い一文にしても、そこには接続詞もなければ、駒子が三味線を弾きながら歌ったその長唄は、という意味を伝えることばどころか、「それは」という一言さえ書かなかったあたり、作者のある種のポーズが感じられるような気がする。とはいえ、表現のそういう在り方が、結果として文章に空隙をつくりだし、作中にすっきりと心地よい断絶感を生み出していることは否定できない。

尾崎一雄の心境小説『虫のいろいろ』の末尾は、そういうポーズのけはいさえ感じさせないまま、書かないことによりむしろ雄弁に読者の心に多くを語りかけたように思える。

額に蠅《はえ》がとまったらしく、「私」がなにげなく眉を上げると、そこで騒ぎが起こった。「その動作によって額に出来たしわが、蠅の足をしっかりとはさんでしまった」のだ。そのまま額を動かさずに家族を呼び、「何事かという顔でやって来た」長男に、指で蠅をつまませる。

「どうだ、エライだろう、おでこで蠅をつかまえるなんて、誰にだって出来やしない、空前絶後の事件かもしれないぜ」と自慢げに言う。そして、作品は、「へえ、驚いたな」と長男が「自分の額にしわを寄せ、片手でそこをなでている」と続く。しかし、若くて健康な長男の額には、寄せようとしてもなかなか皺が寄らない。「君なんかに出来るものか」と、「大柄で健康そのもの」の長男をにやにやしながら見ていた主人公は、「私の額のしわは、もう深い。そして、額ばかりではない」と考える。

ここまで読んできた読者は、老いと病で肉体が衰え、額の皺が蠅の足を挟んでしまうまでに深くなった「私」のことを考え、その衰えが「額ばかりではない」と知って、次に何が続くかと一瞬緊張する。「目尻も」「首筋も」あるいは「手脚も」と身体部位を予想したり、「顔じゅう」「体じゅう」という強調が続くかと推測したりする。あるいはまた、「精神的な皺」というような形で、気持ちの張りが失われたようすを思い描くかもしれない。ところが、作者は、そこで改行し、「なになに？　どうしたの？」と言いながら「みんな次の部屋からやって来た」と、場面を転換してしまう。

こうして、そこにぽっかりと穴が空く。作者が投げ出したその空白を、今度は読者が自分の手で埋めなければならない。こうして、文体としてのその空隙が誘い、思いもかけない読者の積極的な読みを引き出すのである。

道徳は便宜の異名

芥川龍之介は『侏儒《しゅじゅ》の言葉』で、「道徳は便宜の異名である」という短い一文で、一つの考え方を示し、警鐘を鳴らした。短く引き締まったこの一文は、道徳というものが人間に与える恩恵は時間と労力の節約にすぎず、一方で、良心の麻痺《まひ》をもたらす、そんな考え方を圧縮して、警句に仕立てたものである。同じ作品に、「正義は武器に似たものである」という引き締まった一文もある。武器が敵でも味方でも金を出しさえすれば手に入るように、世間で正義などと呼んでいるものも、理屈さえつければどうにでもなる、そんな考え方を圧縮し、警句にして読者に突きつけたのだろう。このような表現を、一つの技法と見て、**《警句法》**と呼ぶこともある。

そういう目で見ると、大岡昇平の小説『武蔵野夫人』にも、それに似た表現がいくつか出てくる。「恋人達は水を好むものである」という一文はその一例だろう。恋に燃え、胸を焦がすと、脱水症状を起こしやすい、というような医学的な忠告ではない。恋人どうしが出あうと、海なり湖なり池なり、あるいは噴水のそばなり、ともかく水辺に行きたがる傾向が見られるという内容を、一文に圧縮したものだ。「困難な情事においては、女の恋は、それを職業か偏執とする女でない限り、なかなか過度には到《いた》らないものである」という人妻の恋においては、相手が一歩進むと一歩退き、一歩さがると一歩近づく、というぐあいに、常に一定の距離を保とうとする傾向がある、そんな内容を一般ルールとして法則化したような、警句じみた表現である。

ことばがないということは、一般に、なんらかの情報が省かれることを意味する。作者が伝達するまでもないと考えて言語的に表現しなかった場合、それを一つの技法と見て、仮に《情報カット》と呼べば、その情報には当然さまざまなスケールがある。一つのシーンをそっくり省く《場面カット》に相当する例もありうる。その極端な例をあげよう。

とかく省略の多い文章を書くと言われる永井龍男は、小説『庭』でこういう展開を見せた。律子という女性がある男性から愛を告白され、一緒に湯河原に行こうと誘われる。そのC章は「湯河原へ行くか行かぬかが、返事の総《すべ》てになる訳である。」という一文で終わる。さあどうなるかと読者はいささか緊張ぎみにページをめくる。湯河原でのシーンが出るか否かと、次のD章を読み始めると、いきなり、「翌晩十時を過ぎて、律子は家に着いた。」という文が登場する。帰宅時間を記す形で、湯河原に出かけたことをほのめかすものの、肝腎のその場面はすべて省略して、作品は一気にその先へと展開する。

翌晩十時を過ぎて

私が答えると、老人はちょっと考えた

このようなスケールの大きな省略が見られる一方、ある事柄が起こった、何かの行為があった、という情報だけを伝え、その具体的な内容を知らせずに、抽象段階の概念的記述にとどめる例もある。その枠組みだけを残すこういう表現を、一つの技法と見て、《黙説法》と呼ぶことがある。

山本周五郎は『青べか物語』で、まず「おめえ」とだけ書き、「暫《しば》らく歩いたのち、老人がひとなみな声で云った」という説明を挟んで、「この浦粕へなにょうしに来ただだい」と、その残りを記す形で、一つの発話を二分して記している。

この問いかけに対して、「私は考えてから答えた」と書くが、どう答えたかという発話自体は記さず、それに対する「老人」の反応だけを示す。すなわち、「「ふうん」と老人は首を振り、ついで例の高ごえで喚《わめ》いた、「おんだらにゃあよくわかんねえだが、職はあるだかい」」というぐあいに、会話を含む地の文が続くのである。

次も同じだ。「私が答えると、老人はちょっと考えた」と、「私」の発話を示さずに地の文が続き、「「つまり失業者だな」と老人は喚いた、「嫁を貰う気はねえだかい」」と、発話の具体的なことばを含め、老人の行為のみをありありと描いて、作品は展開する。

「考えてから答えた」とか、「私が答えると」とかとあるだけだから、読者に声は聞こえないが、相手の反応から返答内容は察しがつく。浦粕にやって来た目的を聞かれ、なにやら答えた内容が老人にはぴんと来なかったこと、次に職を聞かれて、ないという意味の返答をしたらしいことも、老人が「つまり失業者だな」と応じたところからわかる。だから、筋の展開には大きな支障がないのだが、いったい作者はどういう目的で、「私」の声だけを消してしまったのだろうか。

こうして一方の人物の声の響きを消して抽象化することにより、生ぐさい人間臭を拭い去る。そうすることで、もう一方の人物の印象がくっきりと刻まれる。ここでは、人並みな声で「なにょうしに」と問い、今度は甲高い声で「おんだらにゃあ」と喚《わめ》く。土地のことばまるだしの「老人」の人物像がこうして読者の記憶に深く印象づけられる。

しかし、身体は日々に――。

あちらこちらに隙間を設けて展開する文章は、一般に、思い入れの深いときに感情をこめて叙述するケースが多い。それは、しばしば言いさしの形となるが、それを表現の一つの技法と考えて、《頓絶法》と呼ぶこともある。

川端康成の『十六歳の日記』は、少年の頃に祖父を看取る題材の作品だが、その中に、「祖父の頭は少ししっかりして来た。常識を取り戻して来た。無茶食いなぞも慎むようになった。」と書いて行を改め、「しかし、身体は日々に――。」という一文を置き去りにする。

病がちの老人が少し落ち着いてきたようすを描いたところで、逆接の接続詞「しかし」が現れると、次に当然、病状の悪化など、思わしくない意味合いの記述が続くことが予想される。事実、「弱ってきた」などと書こうとしたかもしれない。

この作家は、数え年の二歳で父を、三歳で母を喪《うしな》い、七歳で祖母とも死別。さらに、その三、四年後には、別々に引き取られたために一度しか会うことのなかった、たった一人の姉までも伯母宅で死去した。十六歳の薄倖の少年にとって、最後の肉親となった祖父さえもその死が目前に迫ったことを確実にする、そういう一言を日記にみずから文字にすることはどうしても避けたかったのだろう。「身体は日々に」と記し、そのあとにダッシュという空白の印を書いただけで、文を閉じてしまう。

死という事実を、できることなら打ち消してしまいたい。はっきりと救いを求める大仰なしぐさではないが、そういうはかない願いをこめた、この稚拙とも言えそうな哀切なダッシュの跡を見ると、読者には、そこから祈るようなためらいが伝わってきて、なんとも痛々しい。

何一つ未練なく……

空白部は、むろん文末にだけ現れるわけではない。文章のそこここに沈黙表示の現れる実例を示しながら、《中断法》の表現効果を考えてみよう。

のちに、《余情の滴り》の章で詳細な分析を試みる予定だが、辻邦生の『旅の終り』の末尾近くに、こんな箇所が出てくる。「死んだのは若い男女で、何か毒薬で自殺したんです」と、ジュゼッペの発話を妻が日本語でくり返す。「私」が思わず「イタリアで……？」と、ジュゼッペの顔を見ると、敏感に覚って肩をすくめ、「愛してたんでしょうが……よくあることです」と言う。作者はそこで改行し、眠れなかったと書く代わりに、「私たちはその夜、一晩じゅう雨の音をきいていたように思う。」という一文をそっと添えた。異国の、歴史もない静かな町で起こった心中事件の心理的余波を、雨の降りしきる夜を背景に、たっぷりと水を含んだ筆で抒情的に描き出す一節である。

このあたりから二〇行ほどの範囲だけでも、文章中に表現の余白がいくつも用意されており、余情をかもしだす効果を分担する。「雨にうたれた空虚な闇」という象徴的な言いまわし、「永遠に離れていってしまう何か」という非限定の表現、「なぜか」と始まる未解決の叙述、「ある悲劇」という不定の指示がある。確定的とは逆方向の、多くの疑問や推量の表現に交じって、「おそらく」と冠し、「ようだった」「気がした」と断定を回避して結ぶ文もしばしば姿を現す。右に引用した「ように思う」を含め、事柄を的確に指示しない、ある種の〝ぼかし〟の効果を高めている。

その意味で、もう一つ注目したいのは、「……」というリーダーの頻出である。まず、「果してここに止まることは、安らかさのなかへの休息なのであろうか。歴史もなく、歴史に鞭《むち》うたれることもなく……。ジュゼッペ一家のように?」の場合、「歴史もなく、歴史に鞭うたれることもなく」は、次の「ジュゼッペ一家のように」と同様、意味の上で前の文の「止まる」にかかるはずだから、このような倒置の形式で表現せず、その両者を「止まる」の直前に移行すれば、このリーダーは自然に消えてしまう。つまり、そこに情報の省略は存在せず、省略感はリーダーの使用によってかもしだされた可能性が高い。

そこで改行して、「私は暗い人気ない通りに雨の降りしきるのを見つめながら考えつづけた。おそらく私たちは明日午後の列車で町をたつだろう、何一つ未練なく……。」と続く。ここも「何一つ未練なく」を「私たちは」の直後に移せば、リーダーは不要になる。

そこから「そして五年後には、ジュゼッペのことも忘れるだろう。おそらくこの小さな事件のことも……。」と展開する箇所でも、「おそらくジュゼッペのこともこの小さな事件のことも」とまとめてしまえば、やはりリーダーはなくても済む。

最初の「イタリアで……?」の箇所は、ここだけだと「自殺したんですか」ということばの省略があるように読めるが、しかし、ここは、ジュゼッペのイタリア語の会話を、妻が日本語でくり返した「自殺したんです」で終わる直前の文に対して反応した「私」の発話だから、単に「イタリアで?」とあるほうがむしろ自然だ。それにもかかわらず、そこに「……」を置き去りにしたのは、こだわりなく完結した文を口にしにくいような重い雰囲気があって、どうしてもこのような言いよどみのけはいを暗示したかったのではなかろうか。次の文中のリーダーにも、そういう言いよどみのけはいが強く感じられる。

つまり、論理的な情報伝達という観点に立てば、この流れに省略という事実はない。リーダーはもっぱら心理的に作用して、現象としての欠落感を演出するのである。

見ると、雪。

御坂峠の頂に天下茶屋という茶店があり、その二階にこもって井伏鱒二が原稿を書いている。許しを得て太宰もしばらく滞在することになった。太宰の『富嶽百景』はその頃のことに材をとった小説である。場所柄、「毎日、いやでも富士と真正面から、向き合っていなければならな」い。「まんなかに富士があって、その下に河口湖が白く寒々とひろがり、近景の山々がその両袖にひっそり蹲《うずくま》って湖を抱きかかえるようにしている」ここ御坂峠のあまりにもおあつらえむきの風景が気に入らず、太宰は「ひとめ見て、狼狽《ろうばい》し、顔を赤らめ」るしまつで、茶店の娘にも「こんな富士は俗でだめだ」と言うから、御坂の土地に住む娘としては気に入らない。「内心しょげていた」その娘が、ある朝、雪が降って一変した富士の雄姿に力を得て、「お客さん！　起きて見よ！」と、その風景を指さして、鬼の首でも取ったように太宰に「御坂の富士は、これでも、だめ?」と迫る場面がある。

作中には、「娘さんが絶叫したので、私は、しぶしぶ起きて、廊下へ出て見た」とあり、「娘さんは、興奮して頰をまっかにしていた。だまって空を指さした」と続く。そして次に、太宰は「見ると、雪。はっと思った」と記した。そのあとに、「富士に雪が降ったのだ。山頂が、まっしろに、光りかがやいていた」という説明が入る。

内心、「御坂の富士も、ばかにできないぞと思った」のだが、そこは太宰のこと、もっともらしい顔をして、「やはり、富士は、雪が降らなければ、だめなものだ」と逆に相手に教える形で応じ、なんとか体面を保つ。だが、うちのめされて一瞬ことばを失う、「見ると、雪。」という感動の《体言止め》に注目したい。それほどにショックは大きく、実際には太宰の完敗であったことは明らかだ。そこに「はっと思った」という当人の自白が続くのだから、内面的にはもう駄目押しに近い。

涙の谷

文末の述語が省略された結果として生じる《体言止め》がさらに徹底すると、もともと述語部分が意識にのぼらない段階となる。その場合は体言で文を結ぶという意識さえ稀薄《きはく》になり、その体言部分をただ投げ出しただけのような外観を呈する。そのため、後者の場合を《名詞提示》と呼び、技法として区別することにしたい。

やはり太宰作品から実例を示そう。「子供より親が大事、と思いたい」という格言じみた一文で刺激的に始まる『桜桃』の初めのほうに、家族の食事場面が出てくる。「お父さんは、お鼻に一ばん汗をおかきになるようね。いつもせわしくお鼻を拭いていらっしゃる」と、「一歳の次女におっぱいを含ませながら」母親が言い出すシーンである。そう言われて父親は苦笑し、「それじゃ、お前はどこだ、内股かね？」と、照れ隠しにわざと気品を欠く応じ方で冗談に誘い込む。ところが、母親は乗って来ない。そこで行を改め、太宰は「私はね」という母親の発話を独立させ、そこでまた改行して、「母は少しまじめな顔になり」と説明したあと、「この、お乳とお乳のあいだに、……涙の谷、……」と会話の続きを書く。そこですぐ改行し、《鸚鵡《おうむ》返し》のように「涙の谷」というだけの極小の一文を投げ捨て、またも行を改め、「父は黙して、食事をつづけた」と地の文を続ける。この「涙の谷」というだけの雫《しずく》のような一行が、沈黙の感情表現となって、読者をも黙らせるように思う。

否、それだけのことである。

沈黙を表示するこれらの例とは逆に、そこに省略がなかったことをあえて主張することで、むしろ省略行為の存在を暗示する効果を生みだす場合もある。昭和五年（一九三〇）の十一月二十九日、津島修治という青年が、知り合ったばかりの銀座のカフェーの女とともに、鎌倉腰越小動崎《こゆるぎ》で投身自殺を図った。女は死に、ひとり命をとりとめて鎌倉の恵風園に収容された男が自殺幇助《ほうじょ》罪に問われる事件に発展した。昭和十年になってそれを皮肉な可笑しみをこめて作品化した太宰治『道化の華』に、読者はどうしても作者自身の体験した事実の影を重ねて読むこととなる。

作品の末尾で、主人公の葉蔵は付き添いの看護婦と二人、裏山に登り、「はるかに海を見おろ」すと、「すぐ足もとから、三十丈もの断崖になっていて、江の島が真下に小さく見え」る。太宰はそこで「ふかい朝霧の奥底に、海水がゆらゆらうごいていた。」と書いて、一編を閉じかける。が、思い直したように行を改め、「そして」と記す。こうして何か書きかけるポーズを見せながら、結局、「否、それだけのことである。」とみずから引っ込めてしまう。ちらつかせただけで直後に打ち消される「そして」という接続詞は、巧妙に読者の心をそそり、想像力を刺激することだろう。

誤記があっても、用語を取り違えても、時には意図どおりの情報伝達が可能となるのは、相手がことばの意味よりも、その言語行為の意図を汲《く》もうとするからである。この場でいえば、もしも実際に「それだけのことである」ならば、作者はなぜその前に「そして」という三文字を書いてしまったのか、ということである。原稿段階でたやすく消し去ることのできた文字をあえて残し、校正段階でもそこを削らずに、そのまま印刷に持ち込んだのは、言うまでもなく読者に読ませるためである。作者はやはり、そこで何かを書きかけ、最終的に書かないことを選んだにちがいない、と読者は考えるだろう。

その言語形式の文字どおりの意味ではなく、その表現が置かれた背景を含む、広い意味での文脈、いわば表現環境に沿って、読み手は奥の意味を探ろうとする。そのため、すぐに「否」と打ち消され、「それだけのことである」と念を押されても、読者はそんなことを信じない。そういう、まるで取って付けたような毅然とした**《省略暗示》**の断定ポーズが、逆に「それだけではない」という本音の方向に、読者の深い読みを誘うからである。

六 婉曲度の幅──【間接】

曲言法＝伝達過程で間接化を図り、遠まわりの理解を誘う
婉曲語法＝露骨な表現を避け、当たり障りのない表現で代替する
稀薄法＝不快感を回避する目的で、表現をぼかす
迂言法＝対象を指示する代わりに、属性などを述べて推察させる
代称法＝複合語や名詞句などで隠喩的に遠まわしに述べる
美化法＝醜い対象を美的なものに置き換えて遠まわしに伝える
曖昧語法＝曖昧になるように意図的に広い意味、多義的な表現を選ぶ
緩叙法＝意図的に控えめで緩やかな言及にとどめる
二重否定＝否定の否定という形で肯定の意味を表す
暗示的看過法（陽否陰述）＝言わない形で、実質的に情報が伝わるようにする
反語法＝表面とは正反対の真意を感じとらせる皮肉な表現法
側写法＝対象を正面から描かず、その側面を捉えて述べる

其他は推して知るべし

漱石の『吾輩は猫である』の語り手を務める猫の「吾輩」は、「主人」が女にもてないことを、インテリ猫だけあって、実にまわりくどく表現する。親兄弟にも見放されるほどだから、赤の他人の「傾

城」に可愛がられるはずがない、と批評そのものは辛辣《しんらつ》だ。問題はそのことを述べる語り口にある。「こんな人に限って女に好かれた試しがない」とあるそのあとに、「現在連れ添う細君ですら、あまり珍重して居らん様だから」と、家族にさえもてないことを述べたあと、そのぐらいだから「其他《そのた》は推して知るべし」と続けて、まして他人にもてるはずはない、という意味を感じとらせる。

細部まで明確に表現していないから、ここで切ったとしても十分に間接的な表現であり、読者が想像で補う余地を残している。だが、老成したこのインテリ猫は、この程度では満足できない。そのあとに、さらに「と云っても大した間違はなかろう」と付け加えて、もうひとまわり表現をくねらせるのである。

このように、伝達過程における間接化を目的として、読者が遠まわりして理解に到達するように誘うことを、一つの技法と見て《曲言法》と呼ぶことがある。こういう持ってまわった言いまわしが尊大な語り口を印象づける。その主体である語り手の「猫」という存在との落差が、皮肉な可笑《おか》しみとなって作中に漂う結果となるのだろう。

あるもの

伝達したい事柄が、気品に欠けたり不潔だったり不快な感じを伴ったりすると、相手の感情を傷つけないよう、できるだけ遠まわしな表現を心がける。日本人は昔から、「便所」という語が露骨すぎると思えば、「雪隠《せっちん》」「厠《かわや》」「後架《こうか》」「手水場《ちょうずば》」「はばかり」「御不浄」などと呼び換えてきた。「強姦《ごうかん》」から「暴行」「乱暴」と意味を拡大してきたのも、「月経」を「生理」と極端に指示範囲を広げてわかりにくくしたのも同様の配慮である。「死」を意味することばはその代表だろう。不吉な感じをやわらげるために、「永眠」「往生」「昇天」「逝去」「他界」と漢語に逃れるほか、「息を引き取る」「帰らぬ人となる」「はかなくなる」「むなしくなる」などという間接表現がおびただしい数にのぼる。逆に「おめでたくなる」と言うことさえある。直接的で露骨な表現を避けて、このように当たり障りのない表現に切り換えて刺激を減らすのが**《婉曲語法》**の骨法である。

「身体《からだ》は日々に」のあとをダッシュだけで結ばざるを得なかった『十六歳の日記』の川端康成は、当時はまだ満で十四歳。祖父を看取《みと》るあの作品で、まるまる省略しないまでも、さまざまな間接的な表現を試みている。

「津の江へ葉書出してくれたか」という会話を記し、数え年二十七歳の作品発表時に「津の江」の箇所に（祖父の妹の村）と、丸括弧に包んで注記をほどこした。「私」が「はあ、今朝出した」と答えると、祖父は「ああ、そうか」と安心したようだ。

作者はそこで改行して、「ああ、祖父は「あるもの」を自覚せられたのではないか」と書き、「虫の知らせではないか」と書き添えている。このように、「死」を「あるもの」と曖昧にしてしまう言語操作を、表現の指示範囲を広げて淡くぼかす手段として、《稀薄法》と呼ぶことがある。

身体の弱ってきた老人が、津の江に葉書を出して妹を呼び寄せるという行為から、少年は何かを感じとる。書き手はその何かを「あるもの」とぼかした。読者にはこれで十分通じる。しかし、そういう書き方が気になったのか、作者はそこに、やはり丸括弧に入れて、「めったに便りもしない妹に、一度来てくれという葉書を私に出させたのは、祖父が自分の死を予知したのではあるまいかと、私は恐れたのでした」と補足している。

こういう説明を待つまでもなく、このあたり一帯の文脈から、「あるもの」が「死」を暗示し、孫に葉書を書かせる行為がその自覚の表明につながることは、読者にすぐ見当がつく。もしそうでなければ、ダッシュを介してそれに続く「私は自分の眼がぼうっとなるまで、祖父の蒼白《あおじろ》い顔をみつめていた」という一文が宙に浮いてしまう。

遠からず、まちがいなくやって来る、最後に残ったこの肉親との別れを、みずからの手で決定づけるようなことばを記すことは、時には観察的立場に身を置き、「苦しい息も絶えそうな声と共に、しびんの底には谷川の清水の音」と聴いたこの少年にも、さすがにつらいことだったのだろう。漢字一つで済むはずの内容を「あるもの」とぼかしたのはなぜか。そこに来そうになるその一つの文字をなんとか打ち消したいという願いをこめて、意味範囲を漠然と広げたのだろう。このはかない抽象化の試みは、祈りにも似たせつない一策だったように思われる。

このような稚拙な指示回避を読み手が素直に受け入れるのは、この持ってまわった表現が、読者をじらすための技巧ではなく、そこに書き手の必死の抵抗が感じられるからだろう。

父の女房殿

「黒々とした液体をたたえ、波立たせている」海、「ねばり気のあるタールのような」海、「ひとつまちがえば、呑みこまれるかもしれない」「怖しい海」を、中沢けいは『海を感じる時』で「この地球上で最大の容器」と書いた。「海」という一語よりずっと長いが、たしかに、そういう見方もできないわけではない。

対象を簡潔・的確に指し示す代わりに、ことば数を増やして、その属性などを述べる《迂言法《うげんほう》》の一種だが、特に、人間や事物を複合語や名詞句などの形で、隠喩的あるいは換喩的な婉曲《えんきょく》表現に仕立てた場合は、《代称法》と呼び分けることもある。

『モッキンポット師の後始末』で「女性にしかない器官」と、持ってまわった言い方をした井上ひさしは、『小林一茶』と題する戯曲で、「父の女房殿」という言い方をしてみせた。たどって行けば義理の母親という意味にたどりつくのだが、持ってまわったこの婉曲表現には、そうやって読者をじらすこの作家の企《たくら》みが見え隠れするだけではない。

どこか冷たい視線を感じて、思わずどきりとするのだ。「義理の」ではあっても、ともかくも自分の母親に相当する存在である。その人間を自分の側からとらえず、父親をとおして間接的な関係にとらえ直した表現だ。むろん、どういうルートをたどろうと、「父」が自分の父親である限り、結局は同じところに行き着くのだが、認識の起点を自分ではなく父親に移し、そこから関係をたどり始めるこの言い方は、あたりがきつい。その存在が「父の」何かであって、自分の縁者と認識しようとしないという冷酷な視線が光っており、「自分の母親ではない、自分とは直接の関係を持たない、つまり無縁の存在」と、その人間を突き放して見る語り手の視点が映っていて、読者の胸に突き刺さるのだろう。

体の入口と出口

古くは、「しらみ」という人の嫌がる醜い対象を、その形態から「千手観音《せんじゅかんのん》」と、隠喩的に名づけたらしい。同様に、「盗人」や「鼠《ねずみ》」というマイナスイメージの対象を、その居場所との関連から「梁《りょう》上《じょう》の君子」と呼ぶ例も知られていたようだ。どちらも、人の嫌う対象を他の存在にとらえ直し、そういう間接化をとおして不快感をやわらげる狙いがあったのだろう。

時代は下って、といっても昔懐かしい、青磁色の男性用の小便器、あれを露骨に呼ばず、「朝顔」としゃれたのも、粋な連想で比喩的に美化した例だった。いわば心理的な芳香剤の効果も期待できたかもしれない。

このように、時にはむしろプラスイメージにとらえ直すなど、他の解釈に置き換えて、遠まわしに述べることで印象をやわらげる技法を《美化法》と呼ぶことがある。

村上春樹の『風の歌を聴け』に、「叔父は三年後に腸の癌を患い、体中をずたずたに切り裂かれ、体の入口と出口にプラスチックのパイプを詰め込まれたまま苦しみ抜いて死んだ」という一節がある。ここでの問題は、「体の入口と出口」という表現だ。ごく普通の言い方をすれば、人間の「口」と「尻」をさすものと思われる。ただ、この部分は病院の場面で、診療に関する情報なので、そういう日常会話の用語ではおさまりが悪く、多少とも医療めいた語彙を駆使したほうが格好がつく。記述のバランスという点では、むしろ「口腔」と「肛門」とでもしたほうがうまくはまるのかもしれない。

その折の作者の表現心理はあれこれと臆測するほかはないが、ともかく「僕」がそこで目にした患者の姿は、「病人」というより「物体」じみて感じられたのだろう。そう考えると、ここの「体の入口と出口」というとらえ方はいかにも自然で、それなりに納得がいく。

しかし、同時に、こういう形での抽象化は、眼前の悲惨な現実から一瞬目をそらすという効果を、少なくとも結果として実現した事実に注目しておきたい。「口と尻」という用語と違って、あるいは「口腔《こうくう》（「こうこう」の慣用読み）と肛門《こうもん》」という学術的な用語と比較してさえ、「入口と出口」というこの用語からは、およそ人間臭というものが立ち昇ってこない。鼻をつく薬品のにおいも漂ってこない。

この箇所の直前には、「僕が絶版になったままのハートフィールドの最初の一冊を偶然手に入れたのは股の間にひどい皮膚病を抱えていた中学三年生の夏休みであった」とあり、「僕にその本をくれた叔父は」と展開して、そこにつながるのである。その叔父にも、また、そのあたり一帯の話題であったはずの作家ハートフィールドにも無関係な事柄については、「股の間にひどい皮膚病を抱えていた」という露骨な表現をあえて取り込んで記述する、そういう作者の執筆姿勢を頭に置いて読み返すと、「入口と出口」とそらした表現意図がはっきりと汲みとれるような気がする。

例えば「出口」ととらえ直すぼかしは、そういう概念化をとおして、「けつの穴」とか「尻」とか「肛門」とかといった語の使用を回避することを可能にした。〈美化〉したという段階には届かなくても、少なくとも、あからさまな不快感を散らす働きをしていることに気づくからである。

山々の初夏

川端康成の『雪国』から、「無為徒食の島村」が、「踊の師匠の家にいる娘」である駒子と初めて出あう場面を引こう。「女が女中に連れられて来ると、島村はおやと居住いを直した」とある。「すぐ立ち上って行こうとする女中の袖を女がとらえて、またそこに坐らせた」その初々しさに目を瞠《みは》ったこともあるが、その前に、山から降りてきた温泉場で、こんな清潔な感じの佳人が現れるとはまったく予想もしていなかったからである。

それだけに、幾日か山歩きを続け、自然の風物だけを相手にしてきたせいで感覚がおかしくなり、そのための人恋しさも手伝って、妙に美しく錯覚されるのだろうかという戸惑いを記した箇所に、こんな一節がある。「女の印象は不思議なくらい清潔であった。足指の裏の窪《くぼ》みまできれいであろうと思われた」と書き、「山々の初夏を見て来た自分の眼のせいかと、島村は疑ったほどだった」と続けた。

「初夏の山々」でなく「山々の初夏を見る」という表現に、読者はたぶん引っかかりを覚えるだろう。「初夏の景物を」という意味で、単に「初夏」と省略した表現かとも考えられるが、なぜ不自然な日本語にしてまでそんな省略表現を選択したのか、その必然性が説明できない。また、「初夏の山々」は眺められるが、「山々の初夏」となると、「初夏」が時を表す抽象名詞だから、直接に「見る」対象とはならない、そんな理屈も成り立つ。そう四角四面に考えず、二つの表現を読んだ感じとして比較してみよう。

まず、「初夏の山々を見る」という通常の表現からは、その季節の山々の姿を遠望して広い視野からその全体像をとらえたような趣が感じられ、色彩を中心とする総合的な印象の相対的変化から季節の推移を知覚したような意味合いが濃いように思われる。

一方、「山々の初夏を見る」と抽象化した表現は、山に在って、山中の草や木々の変化に季節感を味わいとるといった趣となり、個々の具体物を対象とした部分的把握の時間的推移を思わせるため、作品の文脈にはそのほうがしっくりすると言えるかもしれない。

しかし、作者がこの表現を選びとった背景は、もう少し複雑だったような気がする。それが仮に文脈に忠実だったとしても、このつながりには、やはり作意を感じる。奇妙な、というよりも、取り澄ました感じが拭えないからである。ただし、この異例の表現を享受できる度量のある読者には、作品の上でひとつの働きをするかもしれない期待がある。それは、ある種の抽象化であり、結果として、何かふわっとぼかされたような不思議なやわらかさを誘いだすのだ。「見る」対象である「初夏の山々」は現実にモノとして存在するが、「山々の初夏」となると、「見る」対象がそういう具体的な存在よりも、むしろコト的な存在を思わせ、「見る」との結合全体がそれだけ抽象化するように思われる。

そのため、表現における指示の的確さを減じ、シャープな映像の輪郭をぼかし、文章にやわらかい味わいを添えることはまちがいない。それがここだけの単発的な現象ではなく、この作家の文体的な特質であったことを証する、いくつかの実例を添えておく。同じ『雪国』に「やがて山それぞれの遠近や高低につれて、さまざまの襞《ひだ》の陰を深めて行き、峰にだけ淡い日向を残す頃になると、頂の雪の上は」とあり、その文を「夕焼空であった」と結ぶ例が登場する。「やがて」「…につれて」「…て行き」「…になると」というふうに時間的な推移を述べて展開しながら、それを受けて「夕焼空になっていた」と結ばず、「夕焼空であった」と静止画像で結ぶ、この作家独特の表現である。

この小説にはこんな箇所も現れる。「向岸の急傾斜の山腹には萱《かや》の穂が一面に咲き揃《そろ》って、眩《まぶ》しい銀色に揺れていた」という文があり、「眩しい色と言っても」とその風景を比喩的に描く次の文が「それは秋空を飛んでいる透明な儚《はかな》さのようであった」と記される。比喩表現の主要な目的は、抽象的・概念的でそのままでは理解のむずかしい対象を、他の何かのイメージに置き換えて具体像が浮かぶように導くところにあるが、川端作品にはその逆もある。この例も「萱の穂」という具体物を「透明な儚さ」といった抽象的なイメージでとらえ直す、逆方向の比喩になっている。

「山々の初夏を見て来た」という書き方を単発の表現特性として片づけず、作中に散見するこのような性格の表現群と関連づけて考えるならば、そこに焦点をぼかす方向での言語操作の跡を共通して見出すこととなる。川端文学が感覚的でありながらどこか非現実的な相で展開し、夢みるようなやわらかさの底に冷ややかな感触を湛《たた》えているような印象を、表現の在り方としてたどる一つのいとぐちとなるかもしれない。あの人工的な匂いのする美の構築に際し、このような屈折した表現の多彩な抽象化が、その一環として働いていることは、いかにもありそうな気がする。

「山々の初夏を見る」という表現から誘い出されるイメージの輪郭は、「初夏の山々を見る」という表現の場合ほど鮮明ではない。「初夏を見る」という表現が「山々を見る」の場合ほどシャープな映像を結ばないからである。それは、見る対象の位置に置かれた二つの名詞を比較すると、原文にある「初夏」という語が、「山々」と違って具体的な事物を指示せず、また、焦点の絞りも甘く、茫漠《ぼうばく》とした事象をぼんやりと抱え込んでいるにとどまるからである。語句の意味を意図的に広く多義的になるように用いて、表現の指示機能を緩め、文意をぼんやりと伝える試みを、一つの技法と見て《曖昧語法》と呼ぶことがある。

思ったりした

銀座でも新宿でもよい、デパートのショーケースの中の品を指さしながら、「あのう、それをちょっと……」と客が話しかけると、店員が寄って来て、「こちらでございますか」と応じる。日本中、どこにでも見られる光景だ。ここで注目したいのは、両者の手の形である。どちらも同じ品物を指し示すのに、客は「それ」と言って人差指だけをその品の方向に伸ばし、店員は「こちら」と言って五本の指を伸ばし、掌を広げた形でその品を漠然と指し示すことだろう。目の前の個人をさすのに「あなた」

と遠い方角を示し、人を紹介する際にも「こちら」と方角を示すことばで漠然と指し示すのが礼儀正しいと考えてきたのも、人を露骨に指し示すことを失礼なふるまいと考えてきたからである。さらに言えば、店員のそのジェスチャーは、あからさまにものを言うことをぶしつけだと慎んできた日本人が限定を緩めることによって敬意を表する典型的な図だったことになるだろう。上品な客はりんごが五個ほしいとき、店で「五つほど」とか「五つばかり」とかと言って、相手の解釈の幅を用意する。これもまた、限定を緩めることで響きをやわらげる配慮かと思われる。

堀辰雄の文章に漂う軟質の抒情も、非限定表現を多用するところから生ずる間接性に支えられている気がする。『風立ちぬ』に「火が少しでも衰えて音をしずめると、その隙々《ひまひま》に、谷の外側でそんな風が枯木林から音を引き捥《も》いでいるらしいのが急に近ぢかと聞えて来たりした」とあり、『かげろうの日記』に「ときおりそんな自分の目のあたりを、その稲光りとともに、どこかの山路で怯《おび》えている道綱の蒼ざめ切った顔が一瞬間閃いて過《よ》ぎったりするのだった」とあり、随筆『大和路・信濃路』にも「僕はもう何をしようというあてもなく、秋篠川に添うて歩きながら、これを往《ゆ》けるところまで往《い》って見ようかと思ったりした」とあるなど、「たり」を添えることで、文を明快に切り離すショックを吸い込み、響きをやわらげる働きをしているように思う。

「飛んだり跳ねたりするな」という言い方と、「飛ぶことと跳ねることとを禁ずる」という表現とでは、いくらか意味合いが違う。後者の禁止事項は二つだが、前者の場合はその二つはもちろん、明確には禁じていない「走ったり騒いだり」といった、それに類する事柄まで含まれるようなニュアンスが感じられる。むろん、後者でもそのへんは常識で判断するように期待しているはずだが、前者の表現は禁止事項がそれだけでないことを言語面で積極的に言及している。つまり、「たり」とともに言語化されるものは、その表現における焦点部分にすぎず、ニュアンスとしてそれ以外の部分を含む傾向が強い。

作者がもし、「急に近ぢかと聞えて来た」と書いていれば、「風が枯木林から音を引き捥《も》いでいる」ことに焦点がぴたりと合って、前面に鮮明なイメージが浮かぶことになったはずだ。そこが「聞えて来たりした」となった原文では、そういうイメージが後退し、映像の輪郭がぼやけ、画面全体がソフトになったような気がする。「たり」を添えることで、それもまた過去のいくつかの出来事の一つといった位置にまで現実性が遠ざかるからである。他の二例の場合も、「たり」によって焦点がぼやけ、あたりがやわらぐ効果が見られる。

堀辰雄の文章には、ほかにも、『美しい村』に出てくる「何か切ないような気持」、『風立ちぬ』の「呼吸か何ぞのように押し出されて」や「引き留めて置くことが出来でもするかのように」など、同様に限定感を緩め、間接性を高める表現が頻出する。このように、控えめな言及にとどめることで非限定の雰囲気を演出する、ソフトフォーカスの表現効果を狙う試みが多く見られる。そういう緩やかな述べ方を一つの技法と見て《緩叙法》と呼ぶ。

婦人に冷淡な方ではない

漱石の『吾輩は猫である』で、苦沙弥先生がどの程度、女に甘いかを、あの語り手のインテリ猫は、実にまわりくどい言い方で述べる。「元来主人は平常《ふだん》枯木寒巌《こぼくかんがん》の様な顔付はして居るものの実の所は決して婦人に冷淡な方ではない」というのがその評価だ。この場合、「ではない」で打ち消されるのは、表向き「冷淡な方」だけだから、「甘い」「やさしい」の段階から、「冷淡な方」に至るまでの、その間の部分は論理的には否定されず、そっくり残っている。だから、「冷淡な方」には属さず、さりとて「いやに親切」とも言えない普通程度の部分をも理屈の上では含むはずの表現なのだが、読者はそうは解釈せず、そこに透けて見える書き手の意図を汲《く》んで、「冷淡」の正反対である「甘すぎる」という評価を読みとるだろう。

同じくこの主人について、「家のものは大変な勉強家だと思って居る。当人も勉強家であるかの如く見せて居る。然《しか》し実際はうちのものがいう様な勤勉家ではない」と評定する箇所も、むしろ「怠け者」の範疇《はんちゅう》に属すると、読者は受け取るだろう。

関係があることを「無関係ではない」と言い、怠慢なことを「怠慢以外のなにものでもない」と言う例もしばしば見られる。実際に伝えたい情報の反対を意味することばを提示し、それを勢いよく打ち消す手続を経て、その正反対の情報を汲みとらせる、いわば「反対否定」型の、こういうまわりくどい表現も《緩叙法》の一種と考えられる。体面を気にする教養人の愛用する言い方なのだろう。この作品の語り手を務める老成したインテリ猫も、こういう表現で皮肉な雰囲気をまきちらす。

その延長上に《二重否定》があり、やはり猫の「吾輩」が多用している。「成程保険の必要も認めないではない」とか、「人間と生れたら教師となるに限る。こんなに寝て居て勤まるものなら猫にでも出来ぬ事はない」とか、「満更嬉しくない事もない」とかと頻発するのは、くねらせずに真っ直ぐものを言っては人物の、いや動物の底が見えるとでも心得ているからにちがいない。こういう語り口から生ずる皮肉っぽい尊大な調子が、この作品の低音の人間批評と共鳴して、可笑しさの奥から苦さがじんわりとこみ上げてくる結果となるのだろう。

どうして口にできましょうか

井上ひさしの『自家製文章読本』の最終章は、「肝炎の症状を風邪の症状と勘ちがいしたまま芝居を書きつづけ、結局は箸にも棒にもかからない駄作を出来《でか》してしまった。そんな駄作に俳優や観客をつきあわせるのはほとんど犯罪にひとしい。そこで戯曲を破棄処分にした」という話で始まる。その結果、劇団や劇場に迷惑がかかり、その「損害賠償のために二千万円支払った」と明記しておきながら、すぐに「当然のむくいだからそれは云わないとしても」と続ける。

当人が「云わない」と書くのだが、その内容は一度すでに書いてしまったあとなので、いくら否定しても読者にはすでに伝わっている。形式的には「云わない」ことになっているが、実質的には「云った」のと同じ結果になっている。作者自身が照れて、そのあとに「と云いながらちゃんと云っているところはわれながらシッカリしているが」と、すぐに括弧をつけて注記したとおりである。

いかにも人を食ったこの表現は《暗示的看過法》と呼ばれる。表向き否定しながら、その陰で実質的に述べてしまう技法なので、《陽否陰述》という別称のほうがわかりやすいかもしれない。

この作家は長編小説『腹鼓記』にもこの手法を用いている。町で見聞きしたことを逐一報告している途中で、「ここから先はどうしても申しあげられません」と明言しながら、すぐに「お嬢様を妾《めかけ》に出せなどという馬鹿げた話をどうして口にできましょうか」と続け、口にできないはずの情報を実質的に暴露してしまう。秘密にしたい、妾ばなしという屈辱の内容を、こともあろうに当人の前で公開してしまうこの例は、そのとぼけた語り口で読者の笑いを誘う強力な武器となっている。

えらいと思うわ

雪国の温泉場に降りて来て、いかにも清潔な感じの駒子にめぐりあった翌日、その駒子が島村の部屋に入って来て「坐るか坐らないうちに」、島村は突然「芸者を世話してくれ」と言い出す。一瞬のみこめなかった駒子が「世話するって？」と問い返すと、「分ってるじゃないか」とあつかましい。「いやあねえ。私そんなこと頼まれるとは夢にも思って来ませんでしたわ」と、駒子は「ぷいと窓へ立って行って国境の山々を眺めた」。島村が「君から頼んでみてくれよ」と迫り、駒子が「私がどうしてそんなことしなければならないの？」と呆《あき》れる場面だ。すると島村は「友だちにしときたいから、君は口説かないんだよ」と奇妙な理屈を持ち出す。

ここで注目したいのは、それに対する駒子の発言だ。なんと、「えらいと思うわ」と応じるのである。幾日かの山歩きで女が恋しくなってきた男が、初めて会った女に、誰か女を世話してくれと要請するわけだから、駒子がそんなことをする義理はないと反発するのは流れとしてごく自然である。ところが、「えらいと思う」のだから尋常ではない。駒子のこの反応を文字どおりに解釈すれば、そういう図々しい態度に感心したことになる。友だちにしておきたいから本人は口説かないという島村の理屈は、ひょっとすると、若い川端が悩み続けたあのひねくれた「孤児の感情」から出た屈折した心理であったかもしれない。

表面上はそのことばを駒子が自分に対するいたわりだと受け取り、そういう心くばりを見せる相手の優しさを褒め讃《たた》えたとも解せないわけではない。だが、もちろん、ここは皮肉だ。よくもまあ、図々しく、女を世話しろなんて言えたものだと、ほとほと呆れ果てているのである。だからこそ、その直後に、「よくそんなことが私にお頼めになれますわ」と駒子は続けるのだ。

このように、ことばの形式とそれが指し示すはずの意味内容とが正反対になる表現を相手に突きつけて、表面上の意味とは逆の送り手の真意を受け手に感じとらせる、こういう屈折した刺激的な言語操作を《反語法》と呼ぶ。わざとすぐばれるように配慮してつく嘘《うそ》だとも言えるが、反意であることが相手に伝わるよう、なんらかの形でほのめかすところが鍵になる。

井伏鱒二の『朽助《くちすけ》のいる谷間』でそのへんの機微を探ってみよう。作者は、まず、「タエトは私の傍《そば》に黙って立っていた」と書く。文中の片仮名書きの「タエト」は、「私」の祖父の時代に所有していた山の番人であった朽助の娘とアメリカ人とのあいだに生まれた「異人娘」である。その娘が杏《あんず》の実を拾い集めたが、片手に四個以上握れないので、「上着の前をまくり上げて、それをエプロン代わりにして」残りを入れ、そのままの姿で「私」のところへやって来た場面である。

そこに作者は「若《も》し私が好色家であるならば、彼女のまくれた上着のところに興味を持ったであろうが、私は元来そういうものではなかったので」と続ける。この文面をそのまま信ずる限り、「私」は元来好色家ではないことになる。ところが、この作家はとぼけた顔で、そのあとに「杏を食べることに熱中している様子を装った」と書き添えるのだ。この「装った」という動詞によって、「杏を食べることに熱中している」ように見えるのはうわべだけで、実際には他のことに気をとられていたことになる。他のこととなれば当然、「彼女のまくれた上着のところ」を読者は想像する。その場所に時折それとなく視線を走らせては、あわてて目をそらす、そんな落ち着かない挙動だったことが文面から伝わってくる。

こうして、「元来そういうものではなかった」という文面とは正反対の意味が読者に伝わる。川端の「えらい」という語の用法が、相手に突っかかる鋭角的な反語だとすれば、井伏のこの例は、読者を煙に巻くとぼけた反語使用であると言うことができるだろう。感触はまるで違うが、言語表現の文字どおりの意味とは反対のところに作者の伝達したい真意が潜んでいるという点では、共通の原理が働いているように思われる。

下から勘定する方が便利

漱石の『坊っちゃん』の最初の章に、物理学校在学中の坊っちゃんの成績を紹介する箇所がある。

「別段たちのいい方ではないから、席順はいつでも下から勘定する方が便利であった」という一節だ。ここで「席順」というのは、教室での座席の空間的な位置関係ではなく、もちろん成績の優れた者から順に並べたときに自分の名前がどのへんに位置するかという、いわばランキングである。仮に三十人学級だとすると、五番や八番なら、上から順に見ていくとすぐ出てくるし、一三番や一七番あたりでも、いらいらするほどの時間はかからない。それが二六番、二九番ともなると、上から見ていったのではなかなか見つからないが、その代わり、逆に下から見ていけばその名前がすぐに見つかる。だから、そのほうが時間がかからず、便利であるということ自体はそのとおりである。

しかし、作者はここで、順位が判明するまでの所要時間のことを読者に伝えようとしているのだろうか。坊っちゃんの成績について述べているこの箇所の話題からすれば、そんなことは大きく脇道にそれている。漱石はそんな能率の問題について報告しているのではない。坊っちゃんの成績がひどく悪いことを、別の角度から、遠まわしに述べることで、滑稽に仕立てているのだろう。

このように、対象を正面から描くのではなく、そのことを別の側面からとらえて間接的に伝える表現を、一つの技法として《側写法》と称することもある。

のちに井上ひさしが『四十一番目の少年』で「腕の中で孝の頭が重くなった」と書いたのも、急に成長したわけではなく、その子どもが眠ったことを、その結果として起こることを記す形で婉曲に表現しているのである。推理小説などで、しばしば「時計の針が五時二十三分を指していた」といった書き方をするのも、針がどこにあるかという事実ではなく、その時刻に事件があったことを暗示しているのである。

七 多様な比喩――【置換】

比喩＝対象を何かに喩え、そのイメージを借りて間接的に伝える
直喩＝喩えるものと喩えられるものとを区別し、比喩指標を明示して伝える
隠喩＝喩えるものと喩えられるものとを比喩指標なしに直接結びつける

時は金なり

「時は金なり」という諺《ことわざ》は、時間は大事なものだから無駄に使うのはもったいないという教訓を、目に見えるお金に喩えてわかりやすく表現したものだろう。このように、他の何かのイメージに置き換えて、端的にわかりやすく、あるいは、力強く、時には美しく、なんらかの意味で効果的に伝える、間接的な表現法を一般に《比喩》と呼んでいる。「文は人なり」も「人間は葦《あし》である」も、機構的によく似ている。

その場合、「花の如き生涯」「花のような生涯」などと、それが喩えであることを明示することばを添えて表現する場合に《直喩》と言い、喩えであるということわりなしに、「花の生涯」とか、「その

生涯は花であった」とかと、直接結びつけて表現する場合に《隠喩》と呼び分けることが多い。

向田邦子の『寺内貫太郎一家』にこんな場面が出てくる。町内の土俵開きで貫太郎が横綱の土俵入りをやることになり、その太刀持ちを仰せつかった息子が「太鼓腹を突き出した貫太郎おやじの手数《でず》入《い》りだけでもきまり悪いのに、骨が廻《まわ》しをしめているような感じで太刀持ちなどやらかしたんでは」と悩む。ここの「骨が廻しをしめているような感じ」の部分は《直喩》と認定して問題ないだろう。

一方、吉本ばななの『悲しい予感』に、「林の夜気が心の細胞をひとつひとつ夜に染めてゆくような寒い気分になった」という例が出現する。「夜気が心の細胞を夜に染める」という比喩的発想は隠喩的だが、そういう全体が「寒い気分」を形容する構造は直喩的に表現されており、截然《せつぜん》と分かちがたい。

フランス一七世紀の科学者であり哲学者としても名高いパスカルは、「人間は葦である」と述べたという。この形は《隠喩》と認めてよい。「考える葦である」としても同様だ。「ごとし」や「ようだ」や「みたいだ」に類することばを添えていないからである。

当人の比喩意識を明示するとして《直喩》の目じるしとされるそういう指標は全部でいくつあるのだろうか。それら以外にあと二つか三つほどなのか、ほかにまだ何十も何百もあるのだろうか。「人間は」の次が「葦に似ている」「葦そっくりだ」「葦同然だ」「葦も変わらない」「葦に近い」「葦に見える」「葦を思わせる」「葦を髣髴《ほうふつ》とさせる」「葦と選ぶところがない」「葦も変わらない」、あるいは「まるで葦だ」「まさに葦だ」「いわば葦だ」といった数多くの類似表現はどれも、自分の表現しようとしているその対象が実際には葦そのものでないと思うからこそ断定せずに、そういうことばを添えるのだろう。それらの言いまわしはそういう書き手のためらいを映すことばなのだ。

川上弘美の小説『消える』に、「僕の愛は沼と同じくらい深く瓦礫《がれき》と同じくらい高い」として出てくる「同じくらい」ということばも、その延長上にあるように思える。向田邦子は『お辞儀』という随筆で、入院中の母親から掛かって来る電話について「テレビのリポーターも顔まけの生き生きとした報告」と書いているが、この「顔まけ」ということばにも、ある種の修辞意識とも言うべき何かが感じとれる。

このような実情を知るにつれ、発想の同じ《直喩》と《隠喩》を無理に二分しても意味がないように思われてくる。ためらいのしみ込んだ多くのことばのうち、どこまでを比喩指標として認定するかという問題にすぎないような気がしてくるからである。

花の散るがごとく

一口に比喩といっても、陳腐なものから斬新なものまで実に多様なイメージが現れる。「月に叢雲《むらくも》、花に風、盛運久しからず」といった伝統的な比喩表現がある。明月もいつか雲がかかって見えなくなり、満開を誇った桜もやがて風に散ってしまうように、運に恵まれて栄える時期も永くは続かない、という喩えとしてよく使われた。

永井荷風が『濹東綺譚』に「花の散るがごとく、葉の落つるがごとく、わたくしには親しかったかの人々は一人一人相ついで逝ってしまった」と書いたのも、身近な友人や知人が死んで姿を消すことを、花が散ったり、葉が落ちたりする自然現象に喩えた例である。

徳田秋声は『縮図』に「幾日目かに温かい飯にありついて、その匂いをかいだ時、さながら天国へ昇ったような思いをするのであった」と書いている。この「天国へ昇ったよう」という比喩もよく使われてきた。

中山義秀は『碑《いしぶみ》』に「茂次郎の身体は突然後へ返って、仰向《あおむ》けにどうと倒れたなり動かなくなった。あたかもはりきっていた施条《ぜんまい》がピーンとはじきかえったような工合《ぐあい》であった」という例を残している。はじきかえるようすをゼンマイに喩えたものだ。

遠藤周作は『海と毒薬』で「パラソルを杖《つえ》のように地面に立てたまま、真直ぐなスカートをつけた軀《からだ》が棒みたいだった」と書いた。「パラソル」を「杖」に、「軀」を「棒」に喩えた二つの比喩が組み合わさっているが、どちらもイメージとして突飛なものではない。

安部公房は『他人の顔』に、「こんな、わずか数ミリの余分な隆起物のために、まるで皮膚病やみの野良犬みたいに追い立てられなければならない」と書いた。顔面にできたケロイドを「数ミリの余分な隆起物」ととらえ、そのために〝顔〟を失ったと悩む主人公が世間の目を恐れる気持ちを、「皮膚病やみの野良犬が追い立てられる」イメージに置換した比喩表現だ。独創的というほどではないが、このあたりになるとさほど慣用的とも言えない。

村上龍は『限りなく透明に近いブルー』で、こんな比喩表現を試みた。まず、「夏、砂浜に寝そべってナイロンのビーチパラソルを通して見る太陽みたいにオキナワの顔は輪郭がぼけて歪《ゆが》んで見える」と書く。「オキナワ」は島ではなく、ここは男の愛称だ。そして、「自分が植物になってしまったように感じる。それも灰色に近い葉を日陰で閉じて、花も付けず柔かい毛に包まれた胞子をただ風に飛ばす羊歯《しだ》のような静かな植物に」と続く。

注射したヘロインの量が多過ぎ、生命の危険を感じるまでに効いてしまった場面である。意識が朦《もう》朧《ろう》として、見る対象の輪郭がぼやけるさまを、「ビーチパラソルを通して見る太陽」に喩え、感覚の麻《ま》痺《ひ》した体を「羊歯のような静かな植物」のイメージに置き換えた、二つの比喩的思考が、それぞれ「みたいに」「ように感じる」という比喩の指標を伴って言語的に明示された例である。描かれる体験同様、きわめて斬新な比喩表現となっている。

夜の川

永井龍男の『風ふたたび』にこんな場面がある。燈下閣書房の社員川並陽子は、この作品のヒロイン久松香菜江のことを「ね、分かるでしょう、夜の川。なんて云うのかな、黒々と、静かに流れて、そばにいると、引き込まれそうな気になる。……あたし、久しぶりに逢って、とたんにそう思ったのよ」と、脇にいる宮下という男性に話しかける。

少し先には、この感覚的な人物評を、「夜の川よ。暗いかと思うと、明るく灯がうつってる。じっとしているのかと思うと、流れてる。そばへ行くと、引っ込まれそうな気になる。……あなたはそうなのよ」と、今度はその当人にぶつけるシーンも出てくる。ここの最初の部分「夜の川よ」を「あなたは夜の川よ」の省略形と考えるなら、「あなた」を「夜の川」のイメージでとらえる比喩的発想が、「あなたは夜の川である」という関係にとらえて表現したことになり、《隠喩》と認定できるかもしれない。

同じ小説に、「金のあざみ、銀のあざみ、柳の雪が燃え、散る菊にダリヤを重ねる。五彩の花々は、絶え間なく空を染め、絶え間なく空に吸い込まれた」と描かれる両国の川開きの場面も出てくる。今の隅田川花火大会の前身だ。壮麗な花火を見上げていた香菜江は、橋を挟んでの最後の競り合いの華麗な量感に圧倒される。「めまいのように、ぺたりと、もうせんに腰をおとした香菜江を、爆音のこだまが、一時におそ」う。思わず「手のひらで顔をおおうと、眼の中にも花火があった」。「酔っているのだろうか」と思うと、「ふっと大きなため息がもれたが、それは愁いではなかった。もどかしさに似た感情が、胸にひろがっていた」として、迫力に圧倒されたさっきの花火を思い返しながら、そこにふと人生というものを重ねる。「それぞれの人の一生の中にも、あの花火のように、張りつめた一瞬があり得るのだろうか？　人はその一瞬を、どのように生きるべきだろうか？」と香菜江は考える。花火のクライマックスを目にした心の激動が余韻を引くなかで呟《つぶや》かれた、感覚的・感情的な思索である。「花火のように」と、ここは明らかな《直喩》として描いている。

小説の息

小林秀雄の『ゴッホの手紙』に、「パリの老いぼれた馬車馬が、悲嘆にくれたクリスチャンのような、大きな美しい眼をよくしている事に気がついた事がありますか」という例が現れる。ゴッホの手紙の中に出る例だから、比喩的な発想はおそらくゴッホ自身のものだろう。「パリの老いぼれた馬車馬」を「悲嘆にくれたクリスチャン」に喩え、両者の共通点として「大きな美しい眼」を指摘し、比喩意識を示す「ような」という指標を明示した、典型的な《直喩》となっている。

室生犀星は『愛猫抄』で、返事の代わりに「しずかに、ふふ……と微笑《わら》った」女の顔を難解なイメージの比喩で「なまじろく、うどんのような縒《よ》れたかお」と評した。同じ作家がのちの『杏っ子』では、「詩って小説にない小説の息みたいなものなのね」という大胆な直喩表現をしてみせた。「詩」とは何かとことばで説明して人を納得させるのはむずかしそうだが、「小説の息」という突飛なイメージでとらえると、「詩」というものが感覚的にわかったような気がするから不思議である。

温い匂い

川端康成の『千羽鶴』にこんな印象的なシーンが出てくる。切手も貼り忘れるほどに、心乱れて書いた手紙を、相手が読む前に取り戻そうと、文子は菊治の家を訪れた。そんなこととは知らない菊治は、手紙が来てましたよと言って、当人の目の前で気軽に封を切ろうとする。「いや、いや。御覧にならないで」と文子はその手紙を取り戻そうといざりよる。とっさに菊治が手を後ろにまわしたため、「はずみで文子は菊治の膝に左手を突」き、「右手で手紙を奪おうとし」て、「体の均衡が崩れた」。

作者はその動きを二度もくり返し描く。まず、菊治を外側から眺める視点に立ち、動作を事実として描き、次に菊治の内側に視点を引き込んで、「右によじれ前にのめる上半身を、こんなやわらかい手ざわりで、どうして支えられたのだろう」と、膝の触感をもとに「こんな」と菊治自身の側から描いた。それに続く「どの瞬間に文子は身をかわしたのだろうか。どこで力を抜いたのだろうか。それはあり得べからざるしなやかさであった。女の本能の秘術のようであった」と、菊治のほとんど溜《た》め息にも近い感動を述べている。

この寄せては返す展開が漸層《ぜんそう》的な効果を生み、それが最高潮に達したところに、「文子は温い匂いのように近づいただけであった」という比喩表現が現れる。女の匂いが一瞬近づき、緊張した瞬間にはもう遠ざかっていた、そんなあっけないむなしさをこめて、「文子」を「匂い」のイメージでとらえる比喩表現が成立した。文子が「匂い」のように近づくのは、作品上のそういう文脈的な必然を背負ってのことであっただろう。

骨董は女

井伏鱒二の『珍品堂主人』に、「骨董《こっとう》は女と同じだ」という半ば隠喩的な発想が現れる。「骨董」と「女」とは、その扱いによく似た面があるというのだ。このいわば「骨董＝女」論は、どこから出た発想かと、のちに《余情の滴り》の章で紹介する、問題の井伏邸訪問の折、作者自身に問うと、「あれは小林秀雄の論ですよ。骨董も女も惚《ほ》れてない人には一文の価値もない。惚れてるから夢中になる」と解説を買って出た。そして、「彼、夢中だったからね」と言うので、ついお株を奪って「どっちにですか。骨董のほうですか」ととぼけて聞くと、生真面目に「骨董のほうに」とことわり、「茶碗《ちゃわん》が欲しくて家を売ったり。刀の鍔《つば》に凝って、鍔は人間の象徴だとか一生懸命理屈つけて、方々に鍔を見に行く。今は勾玉《まがたま》かな」と、とめどがない。この小説に来宮竜平という骨董好きの大学教授が登場するが、そのモデルである小林秀雄の持論だったというのである。

「骨董」と「女」などという突拍子もない組み合わせに、読者は唖然《あぜん》とするほかはないが、説明を聞くと、もっともな面もあって可笑しい。両者の類似点は、「惚れるから相場があ」るということだけではない。「変なものを摑《つか》むようでなくっちゃ、自分の鑑賞眼の発展はあり得ない」という点でもよく似ているというのだが、「骨董」はともかく、「女」のほうは、それから鑑賞眼が発展しても間に合わないような気がする。「しつこく掛合っていると、いつかは相手が売ってくれる。いつかは相手が、うんと云う」などと調子よく展開するのだが、はたしてそんなものか知らん？

咲くという眼なざし

幸田文の小説『流れる』に、こんな場面が出る。芸者の置屋に女中志願した主人公の梨花は、その初日、夜の十時過ぎになっても食べ物にありつけないでいた。そこに汚れ物が下がってきたが、「鍋のなかもお鉢のなかもまるでから」だ。さすがにたまりかね、「あの、蕎麦屋《そば》へちょっと」と声をかけて出かけようとすると、その蔦《つた》の家《や》の女主人は「わるかったわね」と「すばやく一枚の札」を梨花のふところに入れる。「はっと察し」て、相手の顔を見るその女主人の眼を、作者は「じいっとこちらを見つめている眼が美しい」と書き、次いで、「重い厚い花弁がひろがってくるような、咲くという眼なざしだった」と、はっとするような比喩で描いた。瞼《まぶた》の動きに、あるいは色っぽい華やかさでも感じられたのだろうか。ともあれ、花が咲くというイメージは、思いがけない連想であった。

声の感嘆符

庄野潤三の『静物』ではこんなシーンが印象に残る。「お父さん、おやすみなさい」「お母さん、おやすみなさい」「うちじゅうみんな、おやすみなさーい」と叫びながら、子どもたちが部屋に引き揚げる場面である。「寝間着に着かえて、誰が自分の寝床にいちばん早く入るか」という三人の競争が終わってしばらく経《た》つ。「静かな夜の中でひとりだけまだ寝ないでいる父親」は、「おれの横にこちらを向いて眠っている女——これが自分と結婚した女だ」と考えながら、自殺を図り「ぬくもりの無くなった妻の手足にふれた時の感覚」を忘れかねている。作者がそこに、「子供らの声がこの家のあっちにもこっちにも、恰《あたか》も感嘆符を打ったように浮んで残っている」という一行を書き添えたのは、ほっとする一瞬のやすらぎ、救いに似たものとして、そういう父親の耳が、さっきの子どもたちの弾んだ声を消すまいとしているのかもしれない。忘れがたい比喩表現の一つである。

八　人めく万物――【擬人】

活喩＝生命のないものを生命のあるものに見立てて表現する
擬人法＝人間以外のものを人間に見立てて表現する

サイレンが吠える

佐多稲子の『くれない』に、「まっ暗く、しんかんとしてしまう真夜中にもサイレンは高く永く尾を引いて吠えた」という一文が出現する。「サイレン」が鳴るのを、「吠える」と、動物に喩えた例で、機械の発する音を、犬や虎並みに扱った表現である。物体や抽象体のような生き物でない対象を、このようにまるで生き物並みに扱う比喩的な表現を、《活喩》と呼ぶことがある。そのうち、「花笑い、鳥歌う」のように、人間でない対象をまるで人間のように扱う表現を、特に《擬人法》と呼んで区別することが多い。前に引いた佐多の例は、「吠える」が人間用の動詞でないから、《活喩》であるが《擬人法》には含まれない。

水が喘ぐ

佐藤春夫の『田園の憂鬱』に「水が涸《か》れて細く――その細い溝の一部分をなお細く流れて男帯よりももっと細く、水はちょろちょろ喘《あえ》ぎ喘ぎ通うていた」という一節がある。「男帯よりももっと細く」の部分は、水の流れというトピックに「男帯」のイメージがよぎり、比喩的な効果をあげる。もう一つの「喘ぎ喘ぎ」の部分も、作者の意識としては「喘ぎ喘ぎ山に登る」といったイメージを下敷きにして「水が喘ぎ喘ぎ通う」と表現したものと推測され、水の流れを人間めかして表現した可能性が高い。ただ、「喘ぐ」という動詞は人間専用とは言えず、犬や馬も喘ぐことがあるので、《擬人法》と断定するのは問題が残る。

古井由吉の『水』に「火照った肌を風がなぜて通る」という例がある。猫もそれに近い動作をすることがあるが、この「なぜる」すなわち「なでる」という動詞になると、人間専用に近いから、それだけ《擬人法》に近づくだろう。同じ作家の『影』には「私の気管が子供じみた悲鳴を上げる」という例が出てくる。この場合は、「子供じみた」の箇所が擬人的に感じられるが、中心は「気管」と「悲鳴を上げる」とを結びつけた比喩的発想にあるだろう。

中肉中背

井上靖の『猟銃』に、「十一月というあの季節の、しかももう直ぐ暮れる許《ばか》りの時刻の気まぐれな悪《いた》戯《ずら》だったのでしょうか」という箇所が出てくる。ここでは「季節」や「時刻」という時間概念という抽象的な対象を、「気まぐれな悪戯」をする主体として扱っているので、生き物待遇の《活喩》の例と認定するところまでは問題がない。そして、仔犬《こいぬ》や仔猫の甘える行為を「気まぐれな悪戯」と考えなければ、《擬人法》と言うこともできよう。

姓は同じだが、井上ひさしは、ユーモラスな感じを出す目的で、この種の表現を愛用する。『私家版日本語文法』では、「敬語はまだまだ御壮健であらせられる」と書いている。「敬語」という言語的な対象を「御壮健」と形容する点がまず擬人的表現であり、さらにそれを「あらせられる」と尊敬表現に仕立てた点も擬人的な雰囲気を強めている。

また、『自家製文章読本』では、「a、i、u、e、oが、まるで申し合せでもしたように「中肉中背」である」という表現を試みている。日本語表現にローマ字書きが普及しにくい理由として、母音の多い言語なのに、五つの母音がどれも特徴のない形をしているという点を指摘した箇所である。母音を表すどのアルファベットも個性が目立たないことを「中肉中背」と表現したのは明らかに人間扱いだから、日本語のローマ字表記に頻出するはずの文字を人間扱いした《擬人法》の例と考えてよい。どちらも滑稽な感じを演出するための擬人的表現の試みである。

お化粧に余念が無い

小沼丹の小説『黒と白の猫』は、「妙な猫がいて、無断で大寺さんの家に上り込むようになった」という一文で始まる。飼い猫ではない、よその猫が、主人公の家をわが家のように横行する話だが、この冒頭文からすでに擬人的表現が見られる。いくらよその猫でも、相手は猫なのだから、他家を訪問する際にいちいち声をかけたりお辞儀したりしない。ましてや、あらかじめ相手の都合を伺うことなどあるはずがない。そういう当然至極な行為に対して、この作家はわざわざ「無断で」とことわるのだ。この一語で作品に擬人的ネットワークが予告されることとなる。

この猫は大寺さんの姿を見ても、「素早く逃亡」するようなまねはしない。「逃げる」とせず「逃亡」と大仰な用語を使うのも、どこか人間じみて扱っているように見える。逃げることもなく、「素知らぬ顔でお化粧に余念が無い」と続く。猫が前脚をなめて、その手で顔などをなでる毛づくろいを人間並みに「お化粧」と表現することもたしかにあるのだが、そこに「余念が無い」という人間用の形容をほどこし、全体として人間めいた雰囲気に仕立てるのだ。

「黒が全体の三分の二ほどを占めて」いる「小柄な黒と白の猫」なのだが、その雌猫《めすねこ》を「女性」と称し、「人間にするとさしずめ巴里《パリ》の御婦人ぐらいに見えぬことも無い」と高く評価する。「感心したのが、猫に聞えたのかもしれない」ともある。大寺さんの家を「我家か別荘」と心得て、しょっちゅう出入りする。そして、「夜になって雨戸を閉めてしまうと、とんとん、と雨戸を敲《たた》く」ほどだ。「厚顔《あつかま》しいと云われたら心外千万と云うかもしれない」ともある。「猫自身は勘当されたと思っていない」ともある。「その旨を猫に伝えた訳でも無いのに、猫の方は何やら心得顔に」だとか、「猫は礼も云わずに」とか、人間扱いはほとんど全編に及ぶ。「細君なぞ歯牙《しが》にも掛けぬ風情を示した」という記述まである。

ところが、それからしばらくすると、ぱったり姿を見せなくなった。大寺さんの下の娘が「あの猫、死んだんじゃないかしら?」と言い出すと、「上の娘も同意見らし」く、「案外たいへんな婆さん猫だったので、それで図々しかったのだろう、と云う新説を出して大寺さんを驚かせ」る。「婆さん」だから「図々しい」という発想も人間並みの扱いだろう。「パリジェンヌが婆さんでは面白くも何とも無い」と大寺さんは苦笑するのだが、この「パリジェンヌ」はもちろん「巴里の御婦人」を受けての感想だ。

話題をさらったその猫は、結局、「飼主の家の前の戸口に、澄して坐っているのを発見」される。娘たちが「あの猫生きてたのね」「ほんと、図々しいわね」と言うのを聞いて、「図々しい、は穏当を欠く」と思うものの、大寺さんもそれに似た感想を覚える。「大寺さんの家を我家の如く横行して、その后《ご》何の挨拶も無い。この尻軽猫め、いまはどこに別荘を拵《こしら》えたのか?」と、大寺さんも呆《あき》れ返る。「我家」も「挨拶」も、あるいは「尻軽」も「別荘」も人間扱いだ。大寺さんは「一言、猫を窘《たしな》める心算《つもり》で」、「やい、こら」と「猫を睨《にら》み附けた」が、その「猫は知らん顔をして横を向いた」。

と、その時、その飼主の家の中から「誰か覗《のぞ》く気配がして」、「あら先生、今晩は」と女の人から挨拶を受ける。いささか大人げない現場を見られた大寺さんは、「憮然《ぶぜん》として」挨拶を返すと、「ひどく仏頂面《ぶっちょうづら》をして歩き出した」として、一編を結ぶ。

自在鈎が無聊を託つ

小沼作品の擬人化は、この小説の「猫」だけではない。万物とともに生きたこの作家のほとんど体質と言ってもいいほど、小沼文学の中央を貫いている。初期の随筆『猿』では、素知らぬ顔で「役者」として登場させた猿が、「妙な横眼」をつかったかと思うと、「ちょいと視線を外して」、「頗《すこぶ》る不満らしい顔を見せた」り、「この野郎とでも云うよう」な態度をとったり、「何やら憂鬱そうに空を仰いだり」、ひどく人間くさく描かれる。

同じく随筆の『犬の話』では、「少し静かにしたらどうだと、注意したい気がする」とか、「止《よ》した方がいいぜと忠告したい」とかと人間並みに待遇し、『駅二、三』でも、駅長の足元に小さな犬が坐っているのを見ると、「何だか犬も、気を附け、のつもりでいたように思われる」と書かずにはいられない。飼い犬の名を冠した小説『タロオ』でも、「人の好さそうな――いや、犬の好さそうな顔」という書き方をする。「ベッドに臥《ね》ている人寺さんを見習った訳でもあるまいが、いつもごろんと地面に寝そべって居眠りばかりしていた」ともある。「申訳無さそうに頭を低く垂れて」と人めかし、病気で散歩に連れて行けなくなって知人に預けることになった際にも、「タロオに、事情を説明する訳にも行かない」と人間扱いだ。そのせいか、その知人に「タロオ、元気かい？」と訊《き》くと、相手も「お元気です」と敬語を使って答えるほどである。

人めいて登場するのは、むろん犬や猫だけではない。随筆『頬白』では、「音感教育を受けなかった」頬白に「一筆啓上仕《つかまつ》り候《そうろう》と啼《な》くのだと教えてやる」ほどだ。随筆『巣箱』などは、全編がその調子だ。四十雀《しじゅうから》について、「二羽で来ているから夫婦と思っているが、どっちが亭主でどっちが細君か知らない」と書き、「どうだい？　この家？」「満更悪くないわね」という夫婦のやりとりまで想像する。『鵯《ひよ》の花見』はタイトル自体が人間扱いだし、河原鶸《ひわ》のようすを「井戸端会議」に見立てる記述もある。『郭公《かっこう》とアンテナ』では、「近頃の郭公のやることだから」と、鳥が「近頃の若者ときたら」

とぼやく老人そっくりの調子で話すし、「一体、どう云う料簡《りょうけん》でひょっこりアンテナに止まったのか、郭公に訊いてみたい」と展開する。

随筆『庭先』には「山鳩《やまばと》の夫婦や鶫も庭の常連だ」とある。この「夫婦」や「常連」程度なら、他の作家も書くかもしれない。ところがこの作家は、「近頃は梅が咲いても訪ねて来なくなった」鶯《うぐいす》を相手に、「先方にどんな都合があるのか知らないが、そこを何とかして貰《もら》いたい」と呼びかけるのだ。そうして、「目出度《めでた》く伴侶《はんりょ》を見附けた」山鳩が「二羽で挨拶に来た」り、その「亭主」が「細君に挑み掛る」と「細君はさり気無く逃げて」、まるで「お止《よ》しなさいな、みっともない、人が見てますよ、と云っているように思われる」というところまで具体化する。それが小沼文学の世界なのだ。

作者からこういう待遇を受けるのは、ペットや身近な鳥だけではない。この『庭先』には、「テラスで午睡《ひるね》している」蜥蜴《とかげ》が登場するかと思うと、「店子《たなこ》の蝦蟇《がま》はちゃんとその下に蹲踞《うずくま》っていて、止して下さいよ、と云う顔をした。非道《ひど》い大家だと思ったかもしれない」と発展するから尋常ではない。随筆『梅と蝦蟇』では、蝦蟇が「じっと坐って、哲学者みたいな顔をして」おり、「深刻に考え込んでいる風情」を見せたかと思うと、「かくて世は事も無し、とでも云うらしく歩いて行く」のである。

小説『蟬《せみ》の脱殻《ぬけがら》』では、「鬼やんまが何か勘違いしているのだろうと考え」、頭を池の水に漬けてやるのだが、それを「マラソン選手が頭を水で濡らす」のに見立てたりする。「蟬の脱殻を壁に竝《なら》べて置かれるので、蟬の方でも何か考えた」と擬人化し、パンツに止まった蟬を「ちょいと失礼、と云う気持で」追い払うと、「蟬も納得したらしく」茂みに消えたと展開するのだから、読んでいる側も虫と付き合っている気分になる。

擬人化されるのは動物とは限らない。随筆『枇杷《びわ》』では、狭い庭にやたらに木が植えてある状況を「定員超過」と評し、「頼みもしない奴《やつ》が飛入りで勝手に顔を出」すのは迷惑だとして、「順にお詰め願います」と言いたい気分を述べる。『夏蜜柑《みかん》の花』には、石榴《ざくろ》の木は「花の頃になっても何の挨拶も無」く、「強情で云うことを肯《き》かない」と書く。随筆『栴檀《せんだん》』では、慎しく咲いている薄紫の可憐な花に目をとめては、「色香を含んだ風情で、羞《はじ》らいがちな女性を見る気がし」、しばらく見とれてすっかり好《い》い気分になっているほどだ。

この作家が心を通わせる相手は、こういう動植物という枠さえ超える。随筆『炉《ろ》を塞《ふさ》ぐ』では、「自在鉤《かぎ》は天狗の部屋で無聊《ぶりょう》を託《かこ》つ風情であった」と、自在鉤を人間並みに扱う。ここの「天狗」は鞍馬山の鼻の高い妖怪ではなく、新聞の将棋欄を担当する筆者の号。そういう感想を述べて、親しいその人物からまんまと自在鉤を小沼家の炉に貰《もら》い受ける話だ。

『珈琲の木』という随筆では、「巴里土産の珈琲挽《コーヒーひき》は疾《と》うに草臥《くたび》れて隠居して、いまは三代目の頑丈な鉄製の奴」とある。「草臥れる」「隠居」「三代目」といった擬人化のネットワークの中で、今では慣用的な「奴」という語まで活性化して立ち上がる。

最晩年の小説『水』でも、驢馬《ろば》が擦り寄って行くと山羊《やぎ》が変な声を出して離れるシーンで、驢馬が「ねえ、小父さん」と親愛の情を示そうとすると、山羊が「止せよ、うるさいな」と取り合わない風情に見える、などと脚色するなど、擬人的発想は衰えを見せない。

こんなふうに、師の井伏鱒二や親しい友人の庄野潤三といった人類だけではなく、この作家がこの世で出あうほとんどの対象が交友範囲に入る。これはむろんアニミズムとは違う。というより、万物を相手としてゆたかに生きる発想が、おのずとこのような表現を産み落としたのだろう。

亡友の玉井乾介を偲《しの》ぶエッセイ『筆まめな男』で、外国で日本語教師をしていたその男から届いたこんな便りをうれしそうに紹介している。野良犬がすっかり懐き、いつも「宿舎の戸口の所で待って」いて、「学校に行くときに随《つ》いて」来て、教室の中まで入っておとなしくしているらしい。手紙の主はそれを「教室の隅っこに坐って聴講するようになった」と解釈し、「犬の聴講生を持った」と書く。この作家はこういう生き方を大事にした。

九 引用の濃淡――【多重】

明示引用＝引用の範囲や著者・出典などを明記して引用する
格言引用＝文章中に故事成語や諺、金言などを引用する
隠引法＝引用とわかるように引くが、出所などを明記しない
暗示引用＝著名な原表現を連想できるよう言語的な配慮をする
駄洒落＝掛けことばを楽しむために無意味なことばを添える
パロディー＝著名な作品の形だけを真似て、その一節を連想させる
地口＝成句の口調だけを真似て、まったく意味の違う句に仕立てる
洒落＝同音・類音で意味の違うことばを利用し、意味を紛らわしくする
語呂合わせ＝数字の連続などに類音のことばをあてはめ、意味をこじつける

クレオパトラの鼻

伊藤整は『若い詩人の肖像』で、「私には、単純で透明な、自然と人間の混り合った詩を好む性質があった」と書き、「そのころ肺病で死にかけていた山村暮鳥の「雲」にある」と前置きし、一行空けて、「おうい雲よ／ゆうゆうと／馬鹿にのんきそうじゃないか／どこまでゆくんだ／ずっと磐城平《いわきだいら》の方までゆくんか」という詩を引用し、また一行空けて、「という系列の短詩を私は好んだ」と続けている。

ここには、どこからどこまでが引用部分であるか、それを誰の何という作品から採ったかがすべて明確に記されている。このように、引用範囲や作者・作品などを明記した引用形式を特に《明示引用》と呼ぶことがある。

伊藤整はその後をこう続ける。「肺病で死んだ無名の八木重吉の詩が特別な待遇で「日本詩人」に載せられていた。その中の「故郷」という二行の詩を私は愛した」と書き、前後を一行空きにして「心のくらい日に／ふるさとは祭のようにあかるんでおもわれる」という作品を引用し、「私なら、きっとこの後に何か説明を四、五行つけて、この効果をこわしてしまうだろう」と続けている。この箇所では、書き手がはっきりとそれらを明記しているわけではない。しかし、文脈や約束事から引用範囲・出典・作者・題名が読みとれる。

芥川龍之介は『侏儒《しゅじゅ》の言葉』に、「クレオパトラの鼻が曲っていたとすれば、世界の歴史はその為に一変していたかも知れないとは名高いパスカルの警句である」と書き、次に、「しかし恋人と云うものは滅多に実相を見るものではない。いや、我々の自己欺瞞《ぎまん》は一たび恋愛に陥ったが最後、最も完全に行われるのである」と、それに対する反論を述べる。ここでも、パスカルの警句とことわっているし、引用部分も明白だ。一般に、格言や警句、名言、箴言《しんげん》の類は、それによって自説を権威づけて普遍性を持たせる目的で引用されることが多いが、この場合は芥川自身が挑みかかる標的として利用されている。

終り良ければすべて良し

小沼丹の随筆『片片草《ぺんぺんぐさ》』によると、この作家は中学二年の時に、ロングフェローの『人生讃歌』を暗誦して褒美にメダルをもらったらしい。「好い気持になってそのメダルに浮彫になっている人物の肖像を友人に示して」、「これ、セルバンテスだぜ」と教えてやっていたら、「たまたま傍《そば》に歯刷子《はブラシ》みたいな髭《ひげ》を蓄えたアメリカ人の先生がいて、お節介にも頓狂な声で」、「ノー、ノー、シェイクスピア」とたしなめられた。おかげで面目丸つぶれになった。そんな苦い思い出から始まる愉快なエッセイだ。

口惜《くや》しさ紛れに両人の調査研究を始めた結果、意外な事実が判明した。どちらも一六一六年四月二十三日に死んでいるらしいのだ（セルバンテスは二十二日とも）。しかも、シェイクスピアは実在の人物ではないという説もあったのを利用し、「シェイクスピアはセルバンテスである」という新説を唱え、失地回復を図るも、担任の先生に「莫迦《ばか》も休み休み云え」と一蹴される。

高等科に進んでP先生から『ハムレット』の講義を受けるが、「一行の台詞《せりふ》に数十分」も費やすので「しばしば睡魔に襲われ」るものの、「不図《ふと》気が附いてテキストを見ても、まだ一行も進行していない」。まさに「日昏《く》れて道遠く、前途三千里の想い」がしたという。そこで、そのP先生の訳した『ハムレット』を見ると、「彼は、行った、そこに、彼の父と」といった調子で蜿蜒《えんえん》と続く。「途中で頭が変になって」、その訳本も放り出したらしい。

「終り良ければすべて良し」という金言を引用し、「しかし、僕の場合は始め悪ければすべて悪しであって、最初の心掛が悪かったから、いまに至るもシェイクスピアについて語る資格は何一つ無い」とへりくだるのだ。ほとんど諺《ことわざ》と言ってもいいほど世間によく知られていることばだから、当然、誰の言かも出典も示していない。この場合の《格言引用》は自説の権威づけではないし、補強にも役立っていない。初めが悪かったのでそれがずうっと尾を引いている、といった表現内容をまとめる叙述に一つのきっかけを与え、「始め悪ければすべて悪し」という表現の形で運ぶ前提として応分の働きをしているだろう。

百敷や

この作家の随筆からもう一つ紹介しよう。『百人一首』という随筆に、子どもの頃の思い出が出てくる。「立別れ因幡《いなば》の山の」から、「峰に生ふるまつとし聞かば今帰りこむ」と進まずに、「白兎《しろうさぎ》」と脱線し、「松竹立てて目出度けれ」と流れを変える替え歌が得意だったという。小学生の頃は、かるた取りをしても、当然、その歌の意味はさっぱりわからない。だから、読み手が「ももしきや」などと読み始めると、音の類似から「眼の前に股《もも》引きが浮んだ」という。

そのことに関連して、「「百敷《ももしき》や古き軒端の」は、順徳院には申訳無いが勝手に古い股引《ももひき》と解釈して、結構な歌とは思わなかった」と書いてある。耳で覚えていても、子どもだからその歌の意味はほとんど理解していない。だから、落語の「千早《ちはや》振る」式の強引なこじつけで解釈し、それに基づいて勝手に歌の品定めをすることになる。作者としては迷惑だろうが、相手が子どもだから文句のつけようがない。

この文章のうち、「百敷や古き軒端の」の部分を一重のカギ括弧で包んでいるので、引用の範囲ははっきりしている。ただし、軽い随筆だから、それが建保四年(一二五二)の詠で『続後撰《しょくごせん》和歌集』中の一首であるなどという解説はもちろん出てこない。ただ、題が『百人一首』で、本文も百人一首の話で始まるから、出典が明記されていなくても、読者にもどういう方面かは見当がつく。

その和歌の作者に関しては、「順徳院に申訳無い」とあり、その名が文中に出てはくるものの、問題の一首の詠み人として書いてあるわけではない。知識のある人には作者とわかるが、国語教師の名だと勘違いする読者もありそうな脈絡の中にある。とはいえ、《明示引用》に近い出し方で、小沼としてもそういう意識だったろう。

山は暮れ

国木田独歩の『武蔵野』に、「日が落ちる、野は風が強く吹く、林は鳴る、武蔵野は暮れんとする、寒さが身に沁《し》む」と、《点描法》ふうのタッチで畳みかける一節が出てくる。そこまでを受けて、「其時は路をいそぎ玉へ」と続き、そこで見えるはずの風景を、「顧みて思わず新月が枯林の梢の横に寒い光を放《はなっ》ているのを見る。風が今にも梢から月を吹き落しそうである。突然又た野に出る」と展開する。そのあとに、「君は其時、」として行を改め、「山は暮れ野は黄昏《たそがれ》の薄《すすき》かな」と書いて、また改行し、「の名句を思い出すだろう」と続け、その段落を閉じている。

「日が落ちる」から「寒さが身に沁む」までの文の破片を、ことごとく「落ちる」「吹く」といった動詞の終止形で呈示することで普遍性を持たせ、いつの年も、その季節の、そういう日の夕刻には……といったニュアンスで、いわば武蔵野の永遠の姿を描き出した。

引用符こそ用いていないものの、その前後の改行によって引用範囲は明らかだ。が、その一句の作者は示されていない。実は与謝蕪村の句なのだが、当時のこの作品の読者の常識では自明のことゆえ、作者名を明記するのはくどいという判断でこういう《隠引法》の形にしたのかもしれない。問題はそこに挿入した俳句の効果だ。一つは、独歩が伝えようとしている武蔵野の光景が、この適切な一句を得て、視覚的に鮮明になった点である。

もう一つは、この句のとらえた自然が、独歩のとらえた武蔵野と通い合うものであっても、両者はまったく同じものではない。別の時に、異なる場所で、違った個性がとらえた、それぞれの風景であったはずだ。読者は今、独歩の案内で武蔵野散策の文学的な歩みを進めながら、突如としてそこに蕪村の世界が喚起され、消えてゆく思いだ。独歩の世界を近景に、蕪村の世界を遠景にした二重の映像がひとしきりその文学的空間を広げる。いわば濃淡二枚のタブローが文章に奥行を与えるように思われる。

朝顔やに釣瓶をとられて

漱石の『坊っちゃん』に、赤シャツから俳句に誘われそうになって、坊っちゃんがあわてて退散する場面がある。まず、「仕舞《しまい》に話をかえて君俳句をやりますかと来たから、こいつは大変だ思って、俳句はやりません、左様《さよう》なら、そこそこに帰って来た」とある。「俳句はやりません」というせりふから、間髪を入れずに「左様なら」と移るのが可笑しい。俳句なんかとかかわり合いにならないよう逃げ帰ろうとする坊っちゃんの、いかにもあわてたようすがよく出ている。

そのあとに坊っちゃんの独り言めいたぼやきが記される。まず、「発句《ほっく》は芭蕉か髪結い床の親方のやるもんだ」ときめつけるあたりには、俳聖と崇《あが》められるあの芭蕉を髪結い床の親方と同列に並べる坊っちゃんの人柄と教養がうかがえて、ここも読者には楽しい。

ここでの問題はその次に続く「数学の先生が朝顔やに釣瓶《つるべ》をとられて堪《たま》るものか」という箇所である。表面上の意味は、「数学の先生」が事もあろうに「朝顔や」などというものに「釣瓶をとられる」、そんな馬鹿馬鹿しいこと、あってはたまったものではない、というような構造の文になっている。どこを見ても、引用の痕跡は発見できないが、実は加賀千代の『千代尼句集』中の一句「朝顔に釣瓶とられて囉《も》らひ水」が下敷きになっている発言なのだ。漱石が「朝顔や」と書いたのは、決定稿となる前の段階でそういう形の句想もあったからだろうか。あるいは、初五を「……や」の形にして、いかにも俳句らしく見せたのかもしれない。

ともあれ、朝顔に釣瓶をとられるという意味をほのめかすことで、千代のその句を当然知っているはずの読者に、俳句をひねるという意味合いを理解させようとした表現だ。現代一般の教養では、すぐにピンと来ない読者も少なくないかもしれない。が、当時は千代のその句が今より広く知られていたはずであり、ましてこの小説を発表したのが俳句雑誌の『ホトトギス』だったから、漱石は読者にこれで通じると信じていたにちがいない。

このように、あからさまな引用ではなく、よく知られた表現を連想するきっかけだけを言語的に用意して間接的に伝える技法を《暗示引用》と呼ぶことがある。

天明・蕪村・野茨

小沼丹の『地蔵さん』は、「どこかのちっぽけな祠《ほこら》から、石の地蔵さんをこっそり失敬して来ようかと考えた」話から始まるとぼけた随筆だ。「地蔵さんの首を机の上に載せて置いて、丸い頭でも撫《な》でていれば、名案が浮ばぬものでもあるまい」とでも考えたのか、地蔵の首を頂戴しようと思い立ったらしい。それは実行するに至らず、未遂に終わったという。ところが、今度は「家の近くの五日市街道の道傍《みちばた》」に立っている石の道標を「失敬してやろうと思い立った」というから読者は呆れる。ただ、「首尾よく頂戴して来ても、我家の狭い庭に置いたら忽《たちま》ち衆人の見る所となって穏かでない」と考え直し、「下検分《したけんぶん》した」だけで「残念ながら見合せることにした」とあり、読者は胸をなでおろす。それはこんな道標だという。

その石には、「右たなし、左こがねゐ、と彫ってあって天明年間に建てられたもの」だという。それを見て作者は「蕪村を想い出して、些《いささ》か風流な気持になって帰って来た」らしい。そして、「蕪村を想い出したのは、一つには散歩の途中、小川の傍《かたわら》に野茨《のいばら》が咲いているのを見たからだろう」と続く。どこにも引用らしい記述は見当たらない。「道標」からどうして「野茨」の話になるのだろう。これでは、まるで「天明」「蕪村」「野茨」という三題噺《さんだいばなし》ではないか。

明らかな引用箇所はたしかに目につかないが、しかし、作者は、はっきりと文面に出さないある文学的な情報を下敷きにして、この文章を書き進めているという推測は成り立つ。石の道標に「天明」と刻んであるところから、この作家は天明期の俳壇で指導的役割を果たした与謝蕪村を連想したのだろう。そして、「野茨」の咲いていることに気づき、「花いばら古郷《こきょう》の路に似たる哉《かな》」あるいは「愁ひつつ岡にのぼれば花いばら」といった蕪村の句を思い出したような気がする。そう考えれば、連想経路がたどれ、三題噺がつながる。このエッセイはその句を底流に沈めたまま、さらさらと流れてゆく。これもまた、はっきりと引用という手段に訴えず、何かをそれとなくほのめかして展開する表現であり、やはり《暗示引用》の一例と考えることができるだろう。

花よりタンゴ

町田康の『夫婦茶碗《めおとぢゃわん》』の冒頭に、「妻とわたしが壁に向かって、巌《いわお》のようにおし黙っているのは、なにも夫婦揃《そろ》って坐禅修行をしているのではない、金が無いから黙っているのである」という文が現れる。このうち、「巌のようにおし黙って」の部分は明らかに《直喩》である。そのあと、わざわざ「坐禅修行」というイメージをちらつかせて、すぐに打ち消すのは、どういう狙いなのだろうか。否定するのだから、もちろん引用とも違い、比喩表現ではない。たしかに形式的には比喩ではないのだが、読者に一瞬「坐禅修行」のイメージを誘うから、その意味で読むプロセスとしては比喩的な効果とよく似ている。いくらすぐに否定されても、読者は一瞬、そのイメージを楽しむことに変わりはない。

この原理を利用する最も単純な手段は《駄洒落》だろう。町田康の『くっすん大黒』の冒頭近くに、それが連発される例が出てくる。まず、「君がとってもウイスキー。ジーンときちゃうわ。スコッチでいいから頂戴よ」と、アルコール飲料の名を底に沈めた会話が出ると、次に、「滑って転んでオオイタ県。おまえはアホモリ県。そんなことイワテ県。ええ加減にシガ県」と続き、さらに「松にツルゲーネフ。あれが金閣寺ドストエフスキー。ほんまやほんまやほんまマヤコフスキー」とつながる一節には、単なる類音の縁でとんでもない方向へ飛び火する、あまりに突飛な連想に、読者はほとほと呆れつつ、それでも笑うだろう。

《暗示引用》を、わざと見え見えにして笑いをとる代表が《パロディー》である。「ふるさとの地酒なつかし居酒屋の人ごみの中にそをききに行く」というお粗末な腰折れは、言うまでもなく、『一握の砂』所収の石川啄木の名歌「ふるさとの訛《なまり》なつかし／停車場の人ごみの中に／そを聴きにゆく」のもじりだ。「利き酒」という言い方があるのを利用して、「訛り」を「地酒」に、「聴く」を「利く」にすりかえた、恥ずかしい昔の即席でっちあげである。

いつだったか「中年老い易《やす》くガクガク成り易し」という車内広告が目にとまった。某協会の定期健診に案内をする宣伝文句である。これはむろん、朱子の「少年老い易く学成り難し」のもじりで、出典は知らなくても、このことばは広く知られている。

読売ジャイアンツがよく負けた一九八五年の十月七日付の朝日新聞のスポーツ面に、「わが巨人軍は永遠に不振です」という見出しが載った。長嶋茂雄の選手引退の際のスピーチに「わが巨人軍は永久に不滅です」という文句が出てきた。こういう賞讃のことばとしては「永久」より「永遠」のほうが適切だという語感が働いたせいか、国民の間でいつか「永遠に不滅」という形で記憶されるようになった。その名文句をもじって「不振」に換言した皮肉な見出しである。いずれにしろ表現の裏に見え隠れする元の姿がポイントだ。読者にそこが通じなければ、単なる誇張表現と受け取られかねない。

こういうことにかけては天才的な冴えを示すのが井上ひさしである。「国語」と「辞典」、「殺人」と「事件」とが、それぞれ慣用的によく結びつくことに着目し、また、「ジテン」と「ジケン」とが、「テ」と「ケ」の子音がtとkであるという一点を除き、他はことごとく同一の音である、という著しい類似を利用して、『国語事件殺人辞典』という作品名を考案した一事は象徴的だろう。字を見ないと「国語辞典殺人事件」と聞きとるかもしれない。この作品の中にある、蕎麦屋の出前持ちが持っている、付け売りの帳面を「更級日記《さらしなにっき》」と呼ぶ例など、傑作の部類に属する。菅原孝標女《すがわらたかすえのむすめ》の手に成る古典作品の通称と、更科蕎麦《さらしなそば》とがどちらもサラシナと読むことを利用した表現だが、姨捨山《おばすてやま》や田毎《たごと》の月の名所で名高い長野県更級《さらしな》郡の地名は、芭蕉の『更科紀行《さらしな》』でもわかるとおり、「更級」とも「更科」とも書くから、まったくのこじつけではないし、読者は蕎麦屋の老舗の「更科」を連想して納得がいく。付け売りの帳面を作者がなぜ「帳」や「控」とせずに「日記」などと名づけたのか、狙いははっきりしている。笑いを我慢しての、満を持しての企みだったような気がする。

戯曲の『小林一茶』には、「知名度も中位なりおらが春」という句が出てくるが、これはむろん、一茶自身の「めでたさも中位なりおらが春」のもじりだ。また、「芭蕉学びの芭蕉知らず」も「論語読みの論語知らず」をほのめかす。どちらにしても、この種の仕掛けは、それぞれが下敷きにしているもともとの表現にたどりつけてこそ効果を発揮するのである。

『花よりタンゴ』という作品の題名は、「花より団子」という諺《ことわざ》の、風流より実利を求めるという意味とは無関係に、「団子」を偶然にも音の似ている「タンゴ」に置き換えたのが趣向であり、読む側でも、もじりとわかってはじめて面白みが出るのである。漱石の『吾輩は猫である』との二重写しを狙って『吾輩は漱石である』と題した、人を食った作品もある。長編『吉里吉里人』の中に出てくる「吉里吉里語四時間」という語学参考書の書名も、「○○語四週間」と題する外国語習得のシリーズを思わせる狙いがあるにちがいない。『偽原始人』には「うさぎ追いし彼の山」を響かせる「うなぎおいしかばやき」という文句が出てくる。意味が全然違う「兎追いし」と「鰻おいし（い）」と偶然よく似た音構成になっていることに気づくのが楽しいのだろう。

『おれたちと大砲』に「薩長《さっちょう》の反逆を思えば腹が立つ」とある。ここだけでは何の企みも感じられないが、次に「君家の窮状を思えば涙が流れる」と続くと、おやっと思う読者もあるかもしれない。「……ば……立つ。……ば……流れる」と展開する、この調子に聞き覚えがあるからだ。その次を読むと、「腹立ちと涙を押えて暮すのは窮屈だ。とにかく人の世はお先まっくらだ。お先のくらいのが高じると、明るいところへひっ越したくなる」と続く。前の調子にここの「窮屈だ。……とにかく人の世は……が高じると……ところへひっ越したくなる」という調子が連続すると、この文章の底に沈めてある下敷きの文章がさらに浮き上がって、かなり鮮明に姿を現すだろう。「智に働けば角が立つ。情に棹させば流される。意地を通せば窮屈だ。兎角《とかく》に人の世は住みにくい。／住みにくさが高じると、安い所へ引き越したくなる」とリズミカルに畳みかける、あの漱石『草枕』の冒頭の一節が連想されるからだ。この部分が面白く読めるのは、そこに透かしとなって入っている漱石のその文章に気がつくからである。「角が立つ」が「立つ」の縁で「腹が立つ」に転じ、「兎角に」が、音だけ似ていて意味のまったく違う「とにかく」へとすり替えられ、抽象的な「お先まっくら」が具体的な「明るいところ」へと短絡的に飛び火するのが可笑しい。

『腹鼓記』には、狐大《コン》の校歌だとして、「都の真南　伏見の杜《もり》に／聳《そび》ゆる甍《いらか》は　われらが社《やしろ》／われらが日頃の　抱負を知るや」と展開し、「輝くわれらが社前を見よや」として終わる歌詞が登場する。「都の（方角）（地名）の杜に／聳ゆる甍は　われらが……／われらが日頃の　抱負を知るや」そして、「輝くわれらが……を見よや」という流れが、とぼけた透かしとなっている。それらをたどりながら読者は底に沈んでいる校歌を発掘する。「西北」やら「早稲田」やら「行く手」やらを掘り起こす、その過程が楽しいのだ。

もちろん、この作家の独占事業ではない。堀田善衛の『広場の孤独』には、「雨ニモ負ケテ／風ニモ負ケテ／アチラニ気兼ネシ／コチラニ気兼ネシ」と始まり、「ソウイウモノニワタシハナリソウダ／ソウイウモノニニホンハナリソウダ」と終わる替え歌が登場する。

下戸に御飯

音だけが似ていて意味のまったく違う別語を連想させて、その意外性を楽しむ言語遊戯は古くから盛んだったようだ。将棋を指していて、うっかり王手飛車取りを食いそうになると、「その手は桑名の焼き蛤《はまぐり》」などと、一見わけのわからぬことを言って、その飛車を自陣に引いたりする。それは、「その手は食わない」のクワナという音から同音の「桑名」という地名を連想し、そこの名物たる「焼き蛤」に方向転換したことば遊びである。

相手の巧みな駒さばきで形成が悪くなると、今度は「恐れ入りやの鬼子母神」などと言う。これは「恐れ入りやす」の「入りや」から、それと同音の地名の「入谷」に乗り換えることば遊びで、今でもまれに耳に入るような気がする。

《駄洒落》の中で、成句などをもじってまったく違う句に仕立てる場合、特に《地口》と呼ぶ。このジグチという音は「もじり口」の略らしい。「嘘から出た誠」を「裾《すそ》から出た真綿」ともじり、「猫に小判」を「下戸《げこ》に御飯」ともじるたぐいで、思いがけない音の類似が可笑しい。「春眠暁を覚えず」という孟浩然の詩の一句を「遊人《ゆうじん》盃《さかずき》を押さえず」ともじり、論語の「巧言令色鮮《すくな》きかな仁」を、まるっきり違う「素麺《そうめん》冷食涼しいかな縁」と作り変えたりするのがそれだ。意味はまるで無関係なのに、全体の音の流れがどことなく似て聞こえるのがポイントで、意味が懸け離れているほど高度の技と評価される。

その点、「菜もなき膳にあはれは知られけり　しぎ焼き茄子《なす》の秋の夕暮」という狂歌は秀逸である。作者は、蜀山人と対峙した江戸後期の唐衣《からごろも》橘洲《きっしゅう》という。こういうちょっとした庶民生活のひとこまの背後に、「心なき身にもあはれは知られけり鴫《しぎ》立つ沢の秋の夕暮」という西行の崇高な一首の響きがバックコーラスとなってくりひろげられる滑稽感は、まさに得も言われぬ味わいである。大磯の近くに位置する「鳴立沢」の地名を産み落とした名歌が、事もあろうに「焼き茄子」と変じた意外さ、「あはれ」の語義も転じて、ばかばかしいほどの傑作となった。

毎朝、初代の犬、ロールスならぬロイスと名づけたビーグル犬に引かれて散歩していた昔、近所に、前を通るときまって激しく挨拶する犬がいた。その飼主が壁を塗る職業だったので、「サカンに吠《ほ》える犬」と呼んでいた。言うまでもなく、とっさに「左官」と「盛ん」を通わせた《洒落》である。人を見ると、誰でも見境もなくやたらに咬《か》みつく犬もいる。そういう場合は昔の記憶で「カムカム・エブリボディー」と言いたくなる。腹が減ると狂暴になる場合は「ウエルカム」と言うかもしれない。本気にされては困るが、「飢える咬む」の洒落である。

頼まれ原稿というものは、期日を先方がきめるせいもあって、なかなか締め切りを守れない。書き上げても気に入らず、文面をいじくっている間に、むりやり持って行かれることもある。そんな時は「ゲンコー強盗!」と叫びたくなるが、向こうとしては「ゲンコー犯」で逮捕したくなる気分かもしれない。こういう遊び心は日本人の日常の言語生活にまで入り込んでいる。

クイズ番組で、「答えは卓球」と言った瞬間に「ピンポーン」と言いたくなるのも無理はない。電車の中吊り広告に「ご腸内のみなさま」と呼びかけるのを見かけた。整腸剤の宣伝なのかもしれないが、菌類は応答しないので、乗客は当然「ご町内の皆様」を連想する。《駄洒落》も、注意を引くには有効なのだろう。そういえば、以前、集英社から『文体とパスの精度』と題する本が出版されたのを新聞広告か何かで見た記憶がある。どうやら村上龍と中田英寿との対談らしかった。ひょっとすると、この企画も、「作家」と「サッカー」という発想から出たのかもしれない、などとつい勘ぐりたくなってしまう。

井上ひさしの『自家製文章読本』に、スピーカーから「オショクジケンの皆さんは三番カウンターの前においでください」というアナウンスが流れたとき、食堂内が一瞬しずまりかえったという話が出てくる。「お食事券」という意味で無意識に口にしたオショクジケンという音から、食堂の客が、当時ニュースになっていた「汚職事件」を連想し、その関係者が呼ばれているものと誤解してしまったものらしい。

くそ!

やはり、その井上ひさしの小説『吉里吉里人《きりきりじん》』に、こんな場面が出てくる。「古橋はこわごわ足を運び、その固体を眺めおろした」とあり、「それは微かに湯気を立ちのぼらせていた」と続く。そして、「特有の臭気もあった」と、その問題の「固体」の正体をことばにせず、側面から暗示的に描く。こうして、それらを手がかりにして読者が問題の物体を察し、そのイメージを浮かべるタイミングを見はからって、作者は「くそ。絵具かなんか絞り出して行ったのかと思ったら、何のことはない人糞ではないか」と憤慨するせりふを出す。吉里吉里国最初の国賓で二代目大統領となる日本国の三文小説家古橋健二が、思いもかけず「黄褐色の可塑性固体」に遭遇して憤慨するシーンである。

この発話の冒頭にある「くそ」という語は、表向き、もちろんその物体をさす名詞ではなく、「くそ、いまいましい」などと言うときのあの「くそ」で、第一次の働きとしてはそういう感動詞として機能する。だが、そこまで読まされてボディーブローの効き始めた読者には、そういう場面の影響も重なって、排泄物《はいせつぶつ》を指示する名詞としての第二次の意味合いも同時に臭ってくることだろう。特に、最後の「人糞」という語にたどり着いた瞬間には、その感動詞の語形が別に持っている潜在的な他の意味がとたんに活性化し、まさに異臭を放つ結果となる。

そういう顕在化をもくろんでその起爆剤として置かれたのが「人糞」という学術的な名詞である。「糞《くそ》」という会話的な日常語をあえて避けたのは、この作家の美意識に発する表現の節度というよりも、つながりがたどれる範囲であれば、その間の隔たりが大きいほど読者の発見の喜びが増す、という表現効果の一般法則に照らしての引き離し策戦であったような気がしてならない。

鳴く虫

あることばを、音の似た他のことばと二重写しにするのではなく、本来は意味のないものに無理やり意味をこじつけて記憶を助ける手段とすることもある。昔から二月・四月・六月・九月・十一月という小の月をまとめて覚えるのに、「西向く士《さむらい》」と唱える習わしがあった。四つの月の数字の部分を順にニ・シ・ム・クと読み、最後の一つは「十一」を形のよく似た「士」という漢字に見立てた労作だ。シェークスピアの生没年を覚えるのに「一五六四〜一六一六」を「人殺し（にも）いろいろ」と読んでみたり、五の平方根「二・二三六〇六七九」を「富士山麓（に）鸚鵡《おうむ》啼く」とこじつけたりする例は有名だ。

このような《語呂合わせ》は、現代でも見かける。「ミニ」という愛称で親しまれている外国の小型車のナンバープレートが「32」となっているのを近所で見かけたが、偶然とは思いにくい。プレートに「1744」とある車を見て、ふと家の表札に目をやると、はたして「稲吉」だったという実話もある。中でも電話番号を記憶する際に、この語呂合わせを利用する例が多いようだ。「〇八七三」は「お花見」、「一二三四」は「文見よ」、「七九六四」は「鳴く虫」ときれいに記憶したい。「四一二六」は「良い風呂」と読めるので、温泉旅館などに人気がありそうだ。「〇八七八」も「お花屋」と読めるので、フラワーショップにぴったりだ。もっとも、「五三―三七五一」を「ゴミみな来い」、「〇二六―一〇一〇」を「おつむてんてん」、「〇八―九八六四」を「親悔やむよ」、「三八五―〇かるとそういう連中にか八七八」を「ミーは困る、やな奴」などと読みたがる天才的な旋毛曲《つむじ》がりもいる。そういう連中にかかると、せっかくの「〇八七八」も「オーやな奴」と読まれる危険もある。その点、「八七八三」なら「花屋さん」でほぼ決まりかと思うと、今度は「鼻病み」とも読めるから、まだまだ油断がならない。

十 誇張の摩擦――【拡大】

誇張法＝事実に対する認識や感情を実際より大げさに表現する
極言＝強調のため細かいニュアンスを捨てて極端な言い方を選ぶ

おしゃべり人形

三田誠広の『やがて笛が鳴り、僕らの青春は終わる』に、「あらーア」とか「へーエ」とか「ほオんとオ」とかという「五つか六つの感嘆詞を発するだけ」の女の子たちが登場する。これでも「ベストメンバー」と「タイコ判」を押された連中だ。「まともな言葉を喋《しゃべ》らない」相手を前にして、作者は「玩具《おもちゃ》のおしゃべり人形の方が、もっとヴォキャブラリーが豊富なのじゃないか」と呆《あき》れる。

感嘆詞は「五つか六つ」も使えれば上等かもしれないが、たがいに感嘆詞をぶつけ合っても、それだけでは人間の対話にならない。「こいつら」の語彙があまりに貧弱なことを手っとり早くわからせるために「玩具のおしゃべり人形」を引き合いに出した場面だ。

「おしゃべり人形みたいな、無邪気でけたたましい女の子たち」が実際にどの程度の表現語彙を有しているのか、むろん正確にはわからない。が、そのうちの一人が「僕」と話すときの受け答えを聞けば、おおよその見当はつくだろう。「あーら、トキオちゃん。元気ないわね」「モチよ。サブちゃんが帰ってきたんだもーん」「だってエ。ハンサムで、スポーツマンで」といった調子でことばを挟み、「うふっ、やーねエ」でおしまいになる女が、「比較的マシな方だ」というのだから、あとは推して知るべしである。

とはいえ、対する玩具のおしゃべり人形の実力が不明では、単純に両者の語彙量の比較はできない。それでも実際にはその人間の女の子のほうが上だと信じたい。もしそうでなければ、いかにも呆れ返った口調で、その好敵手のおしゃべり人形などを比較に持って来るはずがないからである。ここには、大仰に書かないと虫の治まらない筆勢を感じてしまう。このように、ある対象についての認識や感情を実際よりもおおげさに表現することを、一つの技法と考え、《誇張法》と呼んでいる。

涙が左右の地面に

太宰治の『猿面冠者』に「そのときの十分間で、彼は十年も年老いた」とある。倉橋由美子の『暗い旅』にも「烈《はげ》しい寒気があなたを冷凍し、あなたの内臓まで氷漬けにする」とあり、金井美恵子の

『燃える指』にも「この鈍い痛みは眼球全部を涙と一緒に流し出さなければ止りそうになく」といった例が出る。どれも誇張表現とすぐわかる。

井上ひさしの初期作品に「支配人は総金歯をにゅっとむいて笑ったので、あたりが黄金色《こがねいろ》に目映《まばゆ》く輝いた」とある。このあたりも誇張であることがわかりやすい。同じ作品に「股間《こかん》は雲をよび、雨をよび、一物は天を指して隆々と屹立《きつりつ》する気配」という一節もあるらしいが、好き好んで紹介するまでもなく、ここでは引用を控えよう。

志賀直哉以降の純文学と呼ばれる作品には、目立った誇張の例が概して少ないとされる。丸谷才一は『文章読本』で、大岡昇平の『野火』を通読した結果、それらしい例はこの一箇所しか見られないと書いている。「食糧は不足し、軍医と衛生兵は、患者のために受領した糧秣《りょうまつ》で喰いつないでいた」敗色濃い比島で、「肺病やみを、飼っとく余裕はねえ」と離隊を命ぜられた一兵士が、山野をさまよう長い時間のあとで、思いがけず味方の兵にめぐりあう場面をこう描いている。

「最後の林を出はずれると、私は切り開かれた畠《はたけ》の斜面の、朝の光の中に動く、三つの人影を見た。戦闘帽に緑色の襦袢《じゅばん》、見違うことはできなかった。日本兵であった」と書いて行を改め、大岡は「涙が突然左右の地面に落ちた」と続けた。「針小棒大の措辞をも許しそう」な「人肉喰いや神や狂人の物語」であるにもかかわらず、誇張と言えば言えるかもしれない、この程度の例しか見当たらないというのだ。「左の眼からの泪《なみだ》は左の地面へ、右の眼からの泪は右の地面へ、それぞれ落ちてゆく」、そういうことが現実に起こり得るだろうかと、ちょっとした疑いが心をかすめる。そんな程度の、かすかな誇張、丸谷はそれを「控え目な、リアリスティックな誇張法」と評した。

百万巻の御経

漱石の『坊っちゃん』の結びの一文「だから清の墓は小日向の養源寺にある」を、井上ひさしは『自家製文章読本』で絶讃してみせた。坊っちゃんが松山らしい任地から東京に戻り、その足で清の所に顔を出すと、「よくまあ、早く帰って来て下さったと涙をぽたぽたと落した」、その清が肺炎にかかって息を引き取る前日、「後生だから清が死んだら、坊っちゃんの御寺へ埋めて下さい。御墓のなかで坊っちゃんの来るのを楽しみに待って居りますと云った」とある。それを受けて、結びの一文が「だから」と始まるのである。

井上ひさしは、その接続詞に対して「日本文学史を通して、もっとも美しくもっとも効果的な接続言」だと最高の評価を与え、「思考の操舵手《そうだしゅ》や転轍機《てんてつき》であることをはるかに超えて、ばあやの後生をねがう坊さまにまでなっている」と続ける。そうして、その「だから」の三文字は「百万巻の御経に充分拮抗《きっこう》し得ている」と書いている。著者自身がほんとにそう信じているとすれば、それは《誇張》

とは言えない。ただ、当人の修辞意識を離れて、世の常識という面で考えるなら、表現効果というものは読者側に現れるものだから、少なくとも「日本文学史を通して、もっとも美しくもっとも効果的な接続言」や「百万巻の御経」というあたりの表現が、《誇張法》として働いていることは否定できない。

上ずった足取り

内田百閒は『掻痒記《そうようき》』で、頭の皮膚病で大学病院に出かけた際のようすをこう述べている。「看護婦がぴかぴか光る鋏《はさみ》を持って来て、私の頭を刈りだした。非常に荒っぽく、やり方が痛烈を極め、髪の毛を切っているのだか、頭の地を剪《はさ》み取っているのだか、よく解らなかった」という。「髪の毛を切っているのだか、頭の地を剪み取っているのだか、よく解らなかった」という部分は、実は当人にその区別がついていたのだという保障はどこにもないのだが、それでも読者は誇張されたものと思って笑う。

このあと、看護婦に頭にぐるぐる包帯を巻いてもらって「白頭巾を被った様な頭」になるのだが、その包帯の巻き方があまりに固く、「何だか首を上の方に引き上げられる様でもあり、又首だけが、ひとりでに高く登って行く様な気持もして、上ずった足取りで家に帰って来」ることになる。そういう感じがしたということ自体は事実なのかもしれないが、全体として誇張された感じの可笑しさが漂う。《誇張法》であろうとなかろうと、その表現の誇張効果は確実に発揮され、そのせいで読者が笑うことはまちがいのない事実だろう。

生きたしるし

『書方草紙』の序文に「国語との不逞《ふてい》極《きわ》まる血戦時代から、マルキシズムとの格闘時代を経て、国語への服従時代の今にいたるまで」という有名な一句を残した横光利一は、敗戦直後の一九四五年の九月、出羽庄内の疎開先で、『夜の靴』にこう記した。「日本の全部をあげて汗水たらして働いているのも、いつの日か、誰か一人の詩人に、ほんの一行の生きたしるしを書かしめるためかもしれない」と記し、横光はそこに「淡海《あふみ》のみゆふなみちどりながなけば心もしぬにいにしへ思ほゆ」という柿本人麻呂の一首を掲げ、「何と美しい一行の詩だろう。これを越した詩はかつて一行でもあっただろうか。たとえこのまま国が滅ぼうとも、これで生きた証拠になったと思われる」と絶讃した。

敗戦前後の絶望的状況にあっての感傷もあったかもしれない。それだけに、当人にとってことさらおおげさに書こうという修辞意識はなかっただろう。そういう状況下でこの作家の抱いた気持ちそのものの率直な訴えであったのだろう。

だが、芸術の使徒ならぬ一般読者が平時にこれを読むなら、「国が滅ぼうとも」とか、「生きたしるし」だとか、そのためにこそ日本国民の一人一人が「汗水たらして働いている」だとか、あるいは、人麻呂のその一首を超える詩歌が一行もないと断定するようなこの筆致は、いささか狂気じみた暴論と映るかもしれない。ことばの論理的な帰結に対してではなく、目がしらの熱くなるような、ここまでの言い方に押しやった主体の意思に共鳴できるか否かによって、表現効果が真っ二つに分かれる激しい論法である。

何もかも――何一つ

《極言》の切れ味となれば、小林秀雄の名を逸するわけにはいかない。『モオツァルト』では、こんな言い方をする。「モオツァルトの音楽に夢中になっていたあの頃、僕には既に何も彼《か》も解《わか》ってはいなかったのか。若《も》しそうでなければ、今でもまだ何一つ知らずにいるという事になる。どちらかである」という論法だ。すべてか無かで、中間はないのである。

「あの頃」というのは二十年前の「乱脈な放浪時代」をさす。「或る冬の夜」に、「人生だとか文学だとか絶望だとか孤独だとか、そういう自分でもよく意味のわからぬやくざな言葉で頭を一杯にして」、大阪の道頓堀を「犬のようにうろついていた」とき、突然、モーツァルトの交響曲四十番、あのト短調シンフォニーのテーマが「頭の中で鳴った」のだという。モーツァルトについて知ることと、モーツァルトの音楽がわかることとはまったく無関係だから、モーツァルトに関する知識を得た今、何も知らない頭の中で唐突にその音楽が鳴り出したあの頃より、モーツァルトの音楽がわかるようになったなどとは言えない。芸術とは、そもそもそういうものではないか、そんな気持ちだったかもしれない。

右に引用した箇所は、この批評家が、そこに思い至った感動の深さ、その思考体験の激しさに応じて、自問自答の表現の形に一刀両断の切れ味を示した例と言えるだろう。ニュアンスをばっさりと斬って捨てる小林らしい、このいわば対極の発想が、読む者に大きな摩擦を生じる。一九七六年十月二十九日に作家訪問シリーズの最終回として鎌倉雪ノ下の自宅を訪問した折、広い応接間で最後に日本語の特色について問い、現代人の思いあがりと、正面からこっぴどく叱られた。その昔の体験では、強烈ではあっても一瞬後には心地よい刺激と変ずる不思議な摩擦であった。休煙中の訪問者はこの大批評家に励まされ、今も休煙中である。

清潔な抽象

初期の『Xへの手紙』で、小林は「2＋2＝4とは清潔な抽象である」と述べた。その清潔な抽象の上に組み立てられた科学だけが実証可能であり、それ以外の「人間の思想は非実証的だ」とし、こう展開する。

「人間世界では、どんなに正確な論理的表現も、厳密に言えば畢竟《ひっきょう》文体の問題に過ぎない、修辞学の問題に過ぎないのだ」と、細かいニュアンスをすべて排除し、「科学を除いてすべての人間の思想は文学に過ぎぬ」とまで《極言》してみせるのだ。「どんなに……も」と強調し、「畢竟……に過ぎない」と斬って捨てる、この《極言》の形から、文章の荒々しい力が生まれることは明らかだろう。

こういう《極言》の名だたる遣《つか》い手であるこの批評家を、これも《極言》でこき下ろす例を紹介しよう。江藤淳は『作家は行動する』で、まず、「小林秀雄氏を『芸術家』と呼ぶとしたら、それは論理的矛盾を許容することになる。彼はむしろ鑑賞家であり、ディレッタントにすぎない」として、芸術家失格を宣言する。次いで、「彼は決して批評家ではない。なぜなら批評家は価値をあたえるものであるが、小林氏はモーツァルト、ゴッホ、ドストエフスキイといったすでに価値をあたえられた『天才』たちをいじりまわすだけであるから」と評して、批評家失格をも言い渡す。その上、「通俗的にはこのような人間を俗物と呼び、事大主義者と呼ぶ」とまで酷評するのだ。「芸術家」であることをも、「批評家」であることをも真っ向から否定し、あまつさえ「俗物」ときめつける江藤の論評は、まさに相手に摑《つか》みかからんばかりの筆勢だ。この挑発的な筆法にもしも小林がまともに応じたら、とうてい議論にはならない。それどころか、殴り合いに発展しかねない。

小説など書いていない

小林も相手を全否定するような筆法を見せることがある。『川端康成』と題する短文の中に、「川端康成の小説の冷い理智とか美しい抒情とかいう様な事を世人は好んで口にするが、『化かされた阿呆』である」と世評を一蹴したあと、なんと「川端康成は、小説など一つも書いてはいない」と言い張るのである。

たしかに川端は、尋常の小説家と違って、社会的な関心というものが極度に低いように見える。その並外れた無関心という点が、「小説など一つも書いてはいない」と判断する論拠となっている。そういうことを伝えたいのであれば、「川端康成の作品は通常『小説』と呼ばれる概念から大きく外れている」とでも書いておけば穏やかだったただろう。だが、この批評家は、そういう生ぬるい表現では我慢がならなかったにちがいない。

小林に対して江藤が内心どれほどの敬意を抱いていたかは知らない。小林の批評は、川端の書く作品がいかに小説らしくないかを主張しながら、川端文学というものを否定することばを決して記そうとしなかった。川端の文学的特質を正しく嗅ぎとったむしろ好意ある批評だったたからだ。それでもこの批評家は、その中で「彼が、二人の男、二人の女さえ描き分ける才能を持っていないのを見給《たま》え」と書き、小説家失格の引導を渡さないと気がすまない。そういう《極言》は、小林の理論の骨格ではなく、彼の批評の文体なのである。

尤も過ぎれば嘘になる

『ゴッホの手紙』の中で、小林秀雄は「翻訳文化という軽蔑的な言葉が屢々《しばしば》人の口に上る」と書き、ひとたび「尤《もっと》もな言い分であるが」と一往それを認める姿勢を見せながら、次に「尤もも過ぎれば嘘《うそ》になる」と書いてひっくり返してしまう。これも小林の得意な筆法である。トランプの札を並べていて、キングからエースにつながることに驚いた経験はあるかもしれないが、一般に、絶対値がある一定の限度を超えると符号が変わってプラスからマイナスに転ずるというに等しい引用文の言いまわしは、直線的なものの考え方にしがみついている限り、永久に理解できないだろう。

だが、「過ぎたるは及ばざるが如し」という諺《ことわざ》もある。それを受け入れる思考の柔軟さがあれば、この超論理が非論理とは違うことに目を開く。その直後に、「近代の日本文化が翻訳文化であるという事と、僕らの喜びも悲しみもその中にしかあり得なかったし、現在も未だないという事とは違うのである」と続く事実に注目したい。ここの「その中」とは、世の文化人どもが「翻訳文化」と評して蔑《さげす》む、近代日本のこの文化という意味合いだろう。その両者、すなわち、翻訳文化であることと、その中で生きるほかはなかったこととを混同してはならない、という論旨のようである。

そこから数行先で、小林はまたしても、「誰も、或る一種名状し難いものを糧として生きて来たのであって、翻訳文化という様な一観念を食って生きて来たわけではない」と展開し、「当り前な事だが、この方は当り前過ぎて嘘になる様な事は決してないのである」と、否定的な意味合いではあるが、この論法が再度姿を現す。

近代日本の文化をわれわれは選びとったのではない。かぶれて翻訳文化にのめり込んだのとは違う。だから、近代日本の文化が翻訳文化という範疇《はんちゅう》に属するか否かといった観念の遊戯など、それが何のであれその中で生きるほかなかったという厳粛な事実の前では無価値に等しい。ここでは、通常の意味での論理というより、そのように言ってのける論者の意思力の圧倒的な勢いによって、畳み込むような説得力を発揮するように思われる。

イデオロギーと思想

世間の常識としては、ほとんど同じようなことを、両者はまったく別のものだと言い放つのも、小林秀雄の論調である。『イデオロギイの問題』の中で、「イデオロギイと思想とを取違え、性根を失って了《しま》う事、これは目下猖獗《しょうけつ》を極めている現代病である」と述べたあたりは、その典型的な例と言えるだろう。

もしもこれが「草履と突っ掛けとを履き違え」だったら、誰にでもすぐに理解できるのだが、ここでは「イデオロギイ」と「思想」とある。日頃「イデオロギイ」などという単語を扱い慣れていない人間には、どちらもほとんど同じような意味合いに思われるだろう。その両者がまるで違うとあるので、思わず目を見開く。

「梅若の能楽堂で、万三郎の当麻《たいま》を見た」と始まる小林の『当麻』の中に、「美しい『花』がある。『花』の美しさという様なものはない」という言いまわしが現れる。これは、「美しい自然がある。自然の美しさという様なものはない」というロダンのことばを下敷きにした表現と言われる。だが、ここは「秘すれば花なり」のあの世阿弥の「花」、能の幽玄美をさすはずだ。

「美しい花」と「花の美しさ」、凡人にはどちらでも同じようなものに思えるが、「肉体の動きに則《のっと》って観念の動きを修正するがいい、前者の動きは後者の動きより遥かに微妙で深淵《しんえん》だから」と述べているところから、「美しい花」は感覚で今じかにとらえている生きた美しさ、「花の美しさ」はそれを頭で理解しようとする美の観念、そんなあたりを意味しているように思われる。

十一　逆説の刺激――【矛盾】

矛盾語法＝表現の内部に意図的に自己矛盾を設定する
逆説＝社会常識に対する反逆的な表現の奥に、裏面の真理を内蔵する
対義結合＝修飾関係に、両立しない概念を強引に結びつける
異例結合＝カテゴリーや感覚系統の異なることばを結びつけて刺激する
同義循環＝同語や類義語をくり返す無意味な表現で刺激し、深い読みを誘う

均整を破る均整

小林秀雄の激越な論調は、表面上の矛盾をちらつかせることもある。『モオツァルト』に、その典型的な例が出てくる。「私には、初等算術のように明瞭でしかも不明瞭なあらゆる批評の尺度を信用する勇気がない」はその好例だろう。この「明瞭でしかも不明瞭」の部分のように、表現そのものの内部に意図的に無意味や自己矛盾を設定し、そのことで生ずる摩擦によって読者を刺激して、情報の伝達効果を深める技法を《**矛盾語法**》と呼ぶ。ある人を酔わせ、ある人をはじく、諸刃《もろは》の剣にも似た危険な修辞である。

「誰も、モオツァルトの音楽の形式の均整を言うが、正直に彼の音を追うものは、彼の均整が、どん

なに多くの均整を破って得られたものかに容易に気付く筈《はず》だ」と書いてみせたのも、そういう一つだろう。均整を破って得られる均整などといった摩訶《まか》不思議な考え方に、読者はしばし呆然《ぼうぜん》と立ち尽くす。矛盾に見えるこの一文が、自信たっぷりの顔つきで発せられることに啞然《あぜん》とするかもしれない。

気を取り直して考え始める。伝統的な均整を破りつつ新しい均整を生み出すということなのか……低次元の均整を破ることで高次の均整にたどりつくということなのか……と考えあぐねる読者は、やがて、モーツァルトはハイドンの音楽形式の完成者ではなく、「むしろ最初の最大の形式破壊者である」という小林の声に耳を傾けることになるだろう。幾多の試行錯誤ならぬ思考錯誤を経て読者は、均整を破ってモーツァルトの獲得した「均整」が「音楽の極めて高級な意味での形式の完璧」であるとする小林の論点にたどりつく。

同じ作品に出る「謎は解いてはならぬ。解けるものは謎ではない」という有名な文句も、「謎」という用語が芸術作品の絶対価値をさすという小林一流の術語であることに思い至らない限り、それはただ読者を威嚇《いかく》する空文にすぎない。「信ずるから疑うことが出来るのである」という『私の人生観』のことばなど、刺激臭が強く、目が痛くなるほどにしみる。

『井伏君の「貸間あり」』には、「嫌いな作品とは、作品とは言えぬと判断した作品で、判断は直ちに無関心をもたらすから、私には嫌いな作品というものはない事になる」といった、いたちごっこに近いまわりくどい表現が現れる。この奇妙な理屈が通るのは、四度使われている「作品」という用語のうち、二番目だけが他とは違って、価値を含む概念として使い分けられているからである。

文学は文学ではない

同じ作品からもう一つ、表現の内部にあえて矛盾をしつらえる《矛盾語法》と称する、ことばの魔術を披露しておきたい。「形から言わば無言の言葉を得ようと努めているうちに、念頭を去らなかった文学が、一種の形として感知されるに至ったのだろうと思っている」と前置きし、「この事を、文学というものは、君が考えているほど文学ではないだとか、文学を解するには、読んだだけでは駄目で、実は眺めるのが大事なのだ」とかという妙なことばで語ったことがある、と続ける。

形から無言の言葉を得ようと努めるとあるのは、「形というものだけで語りかけて来る美術品を偏愛して、読み書きを廃して了《しま》った時期」をさしての言だ。この批評家が骨董品《こっとうひん》に夢中になっていて、壺《つぼ》などを眺めながら、文学にも共通する芸術性のような美的価値を追い求めていたのかもしれない。

当人が「妙な言葉で、人に語った」と認めているとおり、並の人間にはなんとも奇妙な説明で、開いた口がふさがらない。読者の神経を特に刺激するのは、文学は文学でないともとれる矛盾感と、読むよりも眺めることに価値を置く文学観だろう。

まず、「文学は君が考えているほど文学ではない」といった言いまわしだが、くり返し使われる「文学」という用語に同じ意味を想定している限り、その矛盾は永遠に解消できない。最初の「文学」という語は、分野としての文学を意味し、具体的には文学作品をさすだろう。二番目の「文学」という語は、「……ほど」という連用修飾を受けるところから推測されるように、本来の文学性、あるいは芸術性、さらに勘ぐれば、「美」そのものと呼んでもいいような本質的価値を意味しているのかもしれない。

あたかも「文学は文学にあらず」とでもいうような、こういう乱暴な表現はたしかに危険な修辞だが、この場合、一方あるいは両方の「文学」という用語を、他の説明的言辞に換言してみると、表現の力感がいちじるしく減少する。そこから逆に、ひとたびぴたりとはまったときには、小林の論調に強烈なパワーがみなぎることがわかる。

文学を眺める

もう一つの「文学は読んだだけでは駄目で、実は眺めるのが大事なのだ」というほうの論理はどうだろう。子どもの頃、本はちゃんと読みなさい、ぼんやり眺めてたってしょうがないでしょと母親に言われて育ち、学校の先生からも同じ注意を受けて成人する。その結果、「本」という対象にとって

「読む」はプラスイメージ、「眺める」はマイナスイメージとなって定着している。ここでは「文学」がテーマだが、文学のほとんどが本の形をしているから、小林のこの主張はそういう価値観を覆す、逆説的な刺激に満ちている。

大人になって冷静に考えてみても、「読む」という動詞は、声に出しても出さなくても、その本から的確に情報を得る知的な行為を連想させ、「眺める」という動詞は逆に、漫然と遠くからぼんやり見ている行為を連想させる。それがみごとに逆転するのだから、読者に衝撃が走る。

最初は、そんな馬鹿なことがと呆《あき》れる読者も、相手は小林秀雄、しかも自信たっぷりの言い方だから、これは裏に何か深い意味がひそんでいるかもしれないと、いろいろ勘ぐり始めるかもしれない。「読む」とは違って「眺める」となれば、単に論理的な情報を汲みとるだけではないような気がする。じっくりと深く読み込むことだろうか。対象から少し距離を置いて、その全体像をとらえようとすることだろうか。あるいは、筆者がそこにあえて書き記さなかった行間の意味を想像してみることだろうか。それとも、表現している過程での作者の心の動きをたどることだろうか。あるいはまた、そこから読みとった内容をじっくりと味わうことだろうか。……矛盾を突きつけるこの批評家の大胆な筆致に誘われて、読者はいつか、日頃思ってもみない、そんな積極的な読みを展開している自分に驚くかもしれない。

ひるがえって考えてみると、文学作品を対象とする深い読みは、たしかにそういう行為を含んでいるような気がする。それらの個々の行為というより、そのような読書行為の全体像を、この批評家は「眺める」という語を借りて、比喩的・象徴的に表現したのかもしれない。そんなことを漠然と考えながら、読者はいつか、「読む」以上に「眺める」ことを重要視する、この奇異な表現に対する抵抗感が失われている自分に驚くような気がする。

逆説的な表現に刺激され、その摩擦をバネとして、通常のなめらかな表現では、多分思い至らなかった側面を照らし出すことだろう。このように、意外なところに潜んでいる真理を暴く入口へと読者をいざなうところに《逆説》の醍醐《だいご》味《み》があるように思う。

失敗で成功

《逆説》はむろん、小林秀雄の専売特許ではない。居丈高《いたけだか》の《逆説》もあれば、逆に穏やかな《逆説》もあり、人を食った《逆説》もあり、そらとぼけた《逆説》もある。

戦後色の残る時期に刊行された新潮社版『川端康成全集』第六巻の「あとがき」に、作者は小説『雪国』に関するこぼれ話をいくつか披露している。作中人物の「駒子」について宇野浩二に「あのかた」と言われて困った話、芝居になった折の座談会で花柳章太郎が「駒子より葉子の方が目が光っていた」

ともらしたのを読んで、「葉子は作者の空想」なのに「いったい誰を葉子と思って見て来」たのか見当もつかなかった、という話の次に、「モデルがあるという意味では駒子は実在するが、小説の駒子はモデルと著しく違うから、実在しないと言うのが正しいのかもしれぬ」として、こうある。

「島村は無論私ではない。つまるところ駒子を引き立てる道具に過ぎないのだろう」と書いたことを受けて、「それがこの作品の失敗であり、また成功なのかもしれぬ」と作者は記している。そう評価する中心は、作者が「駒子のなかに深くはいり」、「意識して島村をなるべく自分と離して書いた」という点にあるのだろう。

「失敗」と「成功」とは真っ向から対立する概念だから、一つの事実が、失敗であり、かつ、成功である、といった評価は信じがたい。ここでの文意も、そのことがある面で失敗であるとともに、別の面ではそのために成功したとも言える、そんな意味合いだろう。それを、あえて一見矛盾をはらんだような言い方で述べ、その摩擦によって読者の目を一瞬釘づけにするのだ。ただし、ここではつとめて断定を避け、「……だろう」「……かもしれぬ」とぼかして結ぶ控えめな文末表現のせいもあって、小林の《逆説》のような相手に突っかかる感じの勢いは感じられない。

必要な金を借りるのが悪い

内田百閒の『特別阿房列車』の中に、「一番いけないのは、必要なお金を借りようとすることである」と始まり、「道楽の挙げ句だとか、好きな女に入れ揚げた穴埋めなどと云うのは性質《たち》のいい方で、地道な生活の結果脚が出て家賃が溜まり、米屋に払えないと云うのは最もいけない」と展開する一節が出てくる。

一読、読み違いではないかと思うほど、世間の常識と逆行する。借金というものは決して褒められたものではないが、生きるためにどうしても必要な金であればやむをえない、というあたりが世の常識だろう。この判断の基盤になっている、いい借金と悪い借金とを区別する判断規準は何だろう。借りた金を何に使うかという使途に関する倫理的な判断によって裁定される。しかし、金を貸す側としては、その金が何に使われるかということより、貸した金がはたして無事に返ってくるかという点こそが、最大の関心事なのではないか。

そういう観点に立てば、遊ぶ金のほうは、遊びをやめれば戻って来る可能性があるのに対し、最低生活を支えるために借りた金では、まったく余裕がないため、返済の可能性はほとんどない。したがって、貸し手にとっては、そのほうがたしかに性質の悪い借金だということになる。

どちらにしても一方的な価値判断であるにはちがいないが、百閒の逆説めいた論法は、まともと思われている世間の常識というものも、決して万能ではなく、一つの見方にすぎないことを明るみに出す成果をあげたとは言えるだろう。

飛べないことを知らないから飛べる

尾崎一雄の『虫のいろいろ』に、太夫《たゆう》が蚤に曲芸を仕込む話が出てくる。「蚤をつかまえて、小さな硝子玉に入れる」と、蚤は「得意の脚で跳ね」ようとするが、「周囲は鉄壁」で逃げられない。そうとわかると蚤は跳ねようともしなくなる。人間が外からガラスを叩《たた》いて脅かすとまた跳ねようとするものの、それも長くは続かず、もうどんな刺激を与えても跳ねなくなる。その段階になるのを待って、ガラス玉をこわす。それでも蚤はもう跳ねない。そこで芸を仕込むのだという。

本でそんな話を読んで、いささか憂鬱になっていた主人公に、見舞に来た若い友人が、その反対の話があるとして、蜂の話を持ち出す。「何とか云う蜂」は、「翅《はね》」が「体重に比較して、飛ぶ力を持っていない」という。その何とか蜂につき、「翅の面積とか、空気を搏《う》つ振動数とか、いろんなデータを調べた挙句、力学的に彼の飛行は不可能なんだそうです。それが、実際には平気で飛んでいる。つまり、彼は自分が飛べないことを知らないから飛べる」と結論づけた。

この「自分が飛べないことを知らないから飛べる」という部分には、明らかな論理矛盾がある。「飛べない」ことと「飛べる」こととは両立しないからである。しかし、何かを知らないことが、「飛べる」ことの原因となっていると述べるこの文の中で、その「何か」の位置に「飛べない」という語が用いられているという二重構造になっているせいで、要素間の矛盾が間接的になり、摩擦感が緩和されるという面もあるかもしれない。その結果、《逆説》という技法に伴う激しいとげとげしさが影をひそめ、どこかとぼけた味わいを残す。

こういういわば表現のゆとりが、論理の隙間を埋めて文意の輪郭をぼかし、あれほど非論理的に感じられた表現が、いつか、そういうこともないとは限らないような雰囲気を帯びる。このような創造的な飛躍から、いかに科学的に考察しても、測定誤差や、調査項目の不備、あるいは飛行能力を決定する論証過程での判断ミスなどが積み重なって、誤った結論を導くケースも絶対ないとは言い切れないような雰囲気がかもし出される。

科学よ驕《おご》るなかれと、事実「私」は「力学なるものの自己過信ということをちらと頭に浮かべ」るのだが、「何よりも不可能を識《し》らぬから可能というそのことだけで十分面白く、蚤の話による物憂さから幾分立直ることができた」というのである。

不幸な幸福

全体として逆説的な物言いをしていなくても、本来は両立できない概念を強引に結びつけて、部分的な矛盾感を際立たせる例もあり、特に《対義結合》と呼んで《逆説》から独立させる立場もある。典型的には、「まるい三角」だとか「飛びながら停《と》まっている」だとか、論理的に矛盾を来すような修飾関係として実現する。

芥川龍之介が、服毒自殺を決行する一ヶ月前に、「この原稿を発表する可否は勿論《もちろん》、発表する時や機関も君に一任したいと思っている」として、友人の作家、久米正雄に宛てた一文の中に、「僕は今最も不幸な幸福の中に暮らしている」と書いた。そして、「しかし不思議にも後悔していない。唯《ただ》僕の如《ごと》き悪夫、悪子、悪親を持ったものたちを如何《いか》にも気の毒に感じている」と書き添え、「ではさようなら」と結ぶ悲痛な書簡だ。ここの「不幸な幸福」という箇所が《対義結合》の典型例と言える。

そこだけ見ればいかにも矛盾しているように感じられるが、全体として筋が通らないわけではない。今、仮に、「将来に対するぼんやりした不安」(『或旧友へ送る手記』)に包まれて死を選ぶ「不幸」、その中でひとしきり訪れた心の平安を味わう「幸福」というふうに理解するならば、それなりに意味は通るだろう。ただ、そのことを、ことさら「不幸な幸福」といった強引な表現で記すところに、みずからの行く手を狭める不幸があったかもしれない。

逆説の名手であった小林秀雄にもこれに類する表現が目立つ。『志賀直哉』には「耀眩《ようげん》たる論理映像の建築術」という不思議な例が現れ、『伝統と反逆』には「抽象的描写」という奇妙な用語が使われている。「論理」と「映像」も、「抽象」と「描写」も、ともに意味上の対立を示し、どちらも一語として収まりが悪い。「論理」は「映像」を持たず、「映像」も「論理」を持たない。また、感覚的に理解できるよう具体化するのが「描写」の正道のはずだから、「抽象」と「描写」も語義上は両立しない。人間がものごとを把握する際には、意識的な部分と無意識の部分がある。そういう表現で小林が意味するところは、認識におけるそういう意識性と無意識性とを総合することによって対象の全体像に迫る、そんなあたりにあるのかもしれない。

理知的なジュリエット

尾崎一雄の『毛虫について』にも、「小さな、しかし無数の口によって発せられる音のない音」という表現が出てくる。「音のない音」という部分は論理矛盾を抱えているのだが、特に意識しない限りほとんど違和感なく読める。雪の降る音のように、音がしているはずなのにはっきりとした音響となって耳に届かない、けはいのような現象をさすのだろう。宮本百合子の『伸子』にも「悲しい歓《よろこ》び」という《対義結合》の例が出るが、ここにも特に気負いも、読者に突っかかる筆勢も感じられない。

「眼前の大破壊も、私にとっては国の運命ではなくて、私の現実であった。私は現実をただ受け入れるだけだ」(『青鬼の褌《ふんどし》を洗う女』)と言う坂口安吾の文学を、江藤淳が『作家は行動する』で、「これはいわば誠実な無責任によってささえられている文体である」ときめつけたのも、形はよく似た論法だが、こちらはいささか挑戦的な響きがある。「無責任」という判断は、「そこには『行動』はなくてニヒリスティックな『饒舌』があり、意識的に価値を解消しようという姿勢がある」という点に依拠しているという。

井上ひさしは『青葉繁れる』で、「彼女のジュリエットなんかどうかしら。彼女は成績も優秀です。きっと理知的なジュリエットになりますよ」という配役の提案に対し、それがいかに不似合いであるかと畳みかける《対義結合》のオンパレードとも言うべき例を実演した。「理知的なジュリエットなんて、炊き立ての冷飯、痩せぎすの肥っちょ、見上げるような小男、前途洋々たる老人、抜群の不成績、一匹狼《おおかみ》の大群、何千何万という四十七士、傾国の醜女《しこめ》、不親切な人情家みたいなものだ」と、まるで発作でも起こったように、《対義結合》のたとえをこれでもか、これでもかと並べ立て、いかにイメージが合わないかを強調してみせた。

悲しいほど美しい

要素どうしが反発し合うほどでなくとも、カテゴリーの逸脱や感覚系統の交差など、思いがけない語結合に出あうことも珍しくない。高橋義孝の「『べらんめえ』の深い哲学的考察」などという題名はその一例だ。「べらんめえ」は江戸っ子、特に下町の職人などが相手を罵《ののし》って言う「べらぼうめ」の訛った形だが、巻き舌の荒っぽい口調をさすこの語形と、「哲学的考察」などという漢語の学術的な用語の重々しい響きとは、あまりにレベルが違うため、両者が組み合わさるといかにも異様に響く。

筒井康隆の『火星のツァラトゥストラ』には、「ツァラトゥストラ音頭」のほか、「ツァラトゥストラごますり器」「ツァラトゥストラふりかけ」「ツァラトゥストラ錠F」といったツァラトゥストラ関連グッズが出てくるが、中でも「ツァラトゥストラふりかけ」には笑ってしまう。「ツァラトゥストラ」というニーチェの哲学書『ツァラトゥストラはかく語りき』の主人公の名が、事もあろうに「ふりかけ」と結びついた例であり、結合上の違和感が甚だしい。

川端康成『雪国』の文章には、新感覚派時代の名残が色濃く残っており、「円《まる》い甘さ」「透明な儚《はかな》さ」「なつかしい悔恨」「美しい徒労」「小さい死」「静かな嘘《うそ》」といった異例の語結合がしばしば見られる。作品冒頭に出る「夜の底が白くなった」も、「清潔に微笑《ほほえ》んでいた」も、「きらきら睨《にら》んだ」も、「幼く安心して」も、常識を逸脱した結びつきと言えるだろう。「涼しく刺すような娘の美しさ」という比喩表現の中でも、「涼しい」「刺す」「美しい」という三つの概念がたがいにはじき合い、擦れ合ってスパークをあげる。

「しいんと静けさが鳴る」という例は、表現の内部に矛盾を抱え込んでいるが、「静けさが冷たい滴となって落ちそうな杉林」という例では、聴覚と触覚との間の感覚系統の転換があって難解ではあるが、各要素が矛盾・対立しているわけではない。そこで、この技法を《異例結合》として独立させておこう。心地よく酔う読者がある反面、感覚の合わない読者をはじき出す危険もあるだろう。

猛烈な沈黙

室生犀星の『愛猫抄』に「ふたりとも不思議そうに何か云いたいことを無理に云わないでいるような、変にもがもがした沈黙」という例が出る。「もがもが」という擬態語そのものが創作的だが、ぎこちないことの象徴なのだろう。それと「沈黙」との結びつきは、一瞬、読者をはっと立ち止まらせるにちがいない。文脈なしには理解しにくい奇妙な表現だが、状況がわかれば、読者にも「もがもが」と感じられるから不思議である。

庄司薫の『赤頭巾ちゃん気をつけて』に、こんな場面がある。女の子とテニスをする約束をした「ぼく」が、廊下に置いてあったスキーのストックで生爪をはがし、その相手にキャンセルの電話をしたが、肝腎のことをうまく切り出すきっかけがつかめないうちに、向こうは「めったやたらと嬉しそうにしゃべり始め」、「世界で一番最初に、形而上的な悩みから自殺した」エンペドクレスの逸話に感動し、勢い込んで「身を投げた現場にサンダルが残っていて、きちんとそろえてあった」と、感に堪えた声を出す。それに対してうまく反応できずに怒らせてしまい、「舌かんで死んじゃいたいわ」という最後通牒《つうちょう》を受けるが、「もう何をやっても悪化させるだけ」だと悟り、しばらく口をつぐむ。腫れ物に触るような、その重苦しい無言の何秒かを、「しばらくの猛烈な沈黙」と表現した。「これであいつとはまた軽く二週間は絶交が続くだろう」と、読者もいつか考えていることだろう。

女が女になる

大岡昇平の『妻』に、「戦争で大抵の女は女になったよ」という一見、奇妙な表現が現れる。二度現れる「女」という語がまったく同じ意味で使われていれば、全体として何の情報ももたらさない。ここは、おそらく、最初の「女」が（男でない）女の人それぞれを意味し、二番目の「女」がしっかりした一人前の女性を意味するのだろう。

「出征前に私の知っていた妻は、ままごとのように料理を作り、人形と遊ぶように子供と遊んでいた二十六歳の少女であった。それが二年の留守の間に、どうやら一人前の女になっていたのには、私は感服してしまった」とあり、そういう文脈に支えられて、「女は女になる」という一見奇妙な表現の意味を読者は理解することになる。

だが、これも表面上、文字どおりには《同義循環》の姿を呈している。それだけに、こういう人を食った表現が読者を刺激して興味をかきたてることに変わりはない。

女は女

新聞連載当時、不朽の名コラムとして聞こえた高田保の『ブラリひょうたん』の中に、「フェミニスト」と題する一編がある。「女は男のように愚物ではない」とし、自分を隠す術《すべ》を心得ていることを高く評価する。男を魅了する優雅さや奥ゆかしさは、そこから生ずる神秘的な深さなのだという。こういう発想自体に、ある種の時代色を感じさせることは否めない。しかし、題名どおり、これは女性を大事に思う文章なのだ。

女性解放それ自体は大いに慶賀すべきだが、男性と同じになることがそのまま女性の幸福だとは言えない。男の世界をそのまま追いかけるのでは、いつまで経っても男と同等のことしかできないと、解放後の女性の行末を案じているのである。

その意味で、女性らしさをすべて失い、単なる男性になり果ててしまうのは、あまりにもったいない。そのためにも、未知という神秘をいとも簡単にかなぐり捨てることを、女性のために惜しむという趣旨の一文である。そういう男性側の論理を、高田保という異能のエッセイストは、「女は女であるとき最も女性である」という、すっとぼけた不思議な言いまわしで説くのである。

この文面、表向きはまったくの《同義循環》で、新しい情報は何一つ含まれていないように見える。それは、二つの「女」と「女性」という計三つの語を、それぞれ表面どおりまったく同じ意味に理解するからである。それぞれが別の意味であれば、その文全体が新しい情報を運ぶ可能性がある。

ここでは、最初の「女」で、男でないほうの人間一般をさし、二番目の「女」でたしなみを心得ている女の人をさし、漢語の「女性」で、一人前のしっかりした大人の女の人をさすように思われる。そういう内容を刺激的な表現でとぼけてみせたのだろう。

十二　視点の機能――【立場】

全知視点＝作品の舞台や登場人物についてすべてを熟知する神のような視点
制限視点＝小説などで、全知視点と違い、何らかの制限を受ける視点
創作視点＝作品意図に応じて叙述視点を背後で操作・調節する作者の視点
叙述視点＝創作視点に沿って表現を言語化する基準となる視点の流れ
視点人物＝一人称小説の主人公のように、作中の叙述視点を受け持つ登場人物

……ものである

大岡昇平は『武蔵野夫人』で、「道子の恋は一歩退いていた。それはそれだけ勉の恋が進んだためにほかならず、道子は自分が退いても、勉との距離が依然として変らないのに安心していた」という書き方を選択した。この一節だけを見ても、人妻である道子の恋が一歩退いたこと、それは親戚にあたる勉という相手の恋が一歩進んだ結果であること、そういう態度をとっても二人の間に変化はないという計算から道子が安心していること、それらをすべて熟知した立場で作者が執筆していることがわかる。

さらには、「勉がいくら進んでも、それだけ彼女は退くことになる」と、両者の未来をも見通した述

べ方をとり、「困難な情事においては、女の恋はそれを職業か偏執とする女でない限り、なかなか過度には到《いた》らないものである」と法則化することさえ敢行する。

好き合った二人がしばしば海辺、湖畔《こはん》や河畔《かはん》、噴水のある公園などで逢《あ》いたがる傾向のある事実を、「恋人達は水を好むものである」と一般化するのも、その好例と言えよう。その意味で、両例に見られる「……ものである」という文末表現は、まさに象徴的だ。作品の視点の性格を端的に示しているものとして注目されるからである。

つまり、この作品における作者は、作中人物の側に視点を置かず、また、脇でそれを観察する立場から描くわけでもなく、すべてを知りうる立場、いわば神の視座に近い位置から客観的に述べようとする《全知視点》の構造を採用していることが推察できる。

硝子戸の外の道

《全知視点》以外はすべてなんらかの《制限視点》となる。英国の随筆家チャールズ・ラムゆかりの地を訪ねる紀行作品、庄野潤三の『陽気なクラウン・オフィス・ロウ』の中に、「風が少しあるらしく、七時半にゲイエティへ行って朝食を食べていると、硝子戸《ガラスど》の外の道を通勤する娘さんの髪がうしろに吹かれているのが見えた」という一文が出てくる。日本語では、日記の書き方に顕著なように、明示しないと文意が紛らわしくなるとか、特になんらかの必要がない限り、一人称の主語が文面に姿を現さない傾向がある。本書でも地の文はそういう自然な姿勢で執筆している。事実、この一文も当然そうなっている。

この庄野作品も同様だから、作者自身を思わせる主人公をいちいち「私」と明記するような野暮な真似《まね》をしない。引用文でも「私」という語は現れないが、この作品の《創作視点》の指示により、その位置に《叙述視点》があることは、描写の端々に鮮明に見てとれる。

まず、「風が少しあるらしく」という書き方から、風が吹いているようすはわかるが、その風をじかに肌で感じていない場所に身を置き、そこから「らしく」と推測で語っており、室内の食卓の位置に視点があることがわかる。「硝子戸の外の」という表現も、硝子戸の内側からの観察であることにきちんと呼応する。

読者は《叙述視点》の位置に自分の視点を重ねて読むため、ここでは食事中の一人物に共感しやすい。このあたりが、もし「風が少しある。通勤する若い女の髪が背後になびくのを、彼は朝食をとりながら硝子戸越しに眺めていた」とでも書いてあったら、読者はその場面から離れた位置から、直接には関係のない対象を眺める感じを受けることだろう。

扁平な姿

吉行淳之介の『驟雨《しゅうう》』は「高い場所から見下ろしている彼の眼に映ってくる男たちの扁平《へんぺい》な姿、ゆっくり動いていた帽子や肩が、不意にざわざわと揺れはじめた」と始まる。人の姿が、なぜ「扁平」なのか、揺れるのが、なぜ「帽子や肩」なのか、また、それらは、どうして「揺れはじめた」のか。すべては視点の性格に関係する。この作品は主人公を「彼」という三人称でとらえる小説だが、純客観的な描写ではない。この文章の読み手はむしろ「彼」に自分を重ねながら、主人公とともに対象を見ることだろう。

この場面は、「町を俄雨《にわかあめ》が襲ったのだ」という一文が出る前の描写である。この作品の主人公、作中の《**視点人物**》の感覚を、作者は忠実に追って描いている。その「彼」は今、「高い場所から見下ろしている」とある。そこから真下を俯瞰《ふかん》すれば、すべてが平べったく映る。「男たちの扁平な姿」とあるのは、道行く男たちを高い位置から垂直に近い角度で眺めおろす視線がとらえた映像である。次が「ゆっくり歩いていた」ではなく「動いていた」となるのも、横から見る場合とは違って、人の立ち姿というよりも、扁平なものが移行するように見えるからだろう。

その動く主体が「人」や「男」ではなく「帽子や肩」なのも、解釈すれば人間の姿となるにしろ、ともかく真上から見下ろす眼に直接はっきりと映ずるのは帽子や肩だからである。通行人が雨粒に気づき、あわてて急ぎ足になる場面も、作者はここで高い場所の「彼」の視点で、「帽子や肩の揺れ」として描き出すのである。

空から「点」となって落ちてきた水滴は、見る間に「線」と変わる。この作家は、それでもまだ「雨」という語を記さず、「街にあふれている黄色い光のなかを、煌《きらめ》きつつ過ぎてゆく白い条《すじ》」と書いている。「雨」という概念としてではなく、生きた視点から、夜の街の光の海に白く光りながら突き刺さってゆく幾本かの線として、感覚的に描くのだ。

だからこそ、誰かが「傘をさす」とか「蝙蝠傘《こうもりがさ》を広げる」とかと書かず、「黒い花のひらくように、蝙蝠傘がひとつ、彼の眼の下で開いた」と展開するのである。傘をさすのを横から見たら、花が咲くという連想はわかない。この比喩表現もまた、垂直に近い角度で見下ろす視点だからこそとらえることのできた美しい一景なのである。

傘なしにひとしく濡れていた

幸田文の『おとうと』も形は三人称小説だが、実質的には、「げん」という姉を《視点人物》として展開する。ある朝、弟が怒って傘も持たずに家を飛び出し、雨に濡れながら学校へ急いでいる。姉のげんが傘を渡そうとそのあとを追う。その場面を描く作者の視点は明らかに姉にあり、文面には、げん自身の思考や感情がそのまま生なましく波打っている。

「弟は腹をたてているし癇癪《かんしゃく》をおさめかねているし、そして情なさを我慢して濡れて歩いているのだ。だからそんな惨《みじ》めったらしい気持や恰好《かっこう》を、いっそほっといてもらいたいのだ。なまじっか姉になど優しくしてもらいたくないのだ。腹たちっぽいものはかならずきかん気やなのだ、きかん気のくせに弱虫にきまっている」というあたりなど、げんの気持ちをそのまま地の文に仕立てている。「…のだ。…のだ。…なのだ。」と畳みかけるのも、作者が読者にというより、げんが自分に向かって言い聞かせているような雰囲気である。

だからこそ、「碧郎《へきろう》のばかめ、おこらずになみに歩いて行け、と云いたいのだが、まさか大声を出すわけにも行かないから、その分を大股にしてせっせと追いつこうとする」のであり、「弟はそれを知っていてやけにぐいぐいと長ズボンの脚をのばしている」と続くのだ。相手の行動を「やけに」と感じるのも、作者ではなく、《視点人物》げんの気持ちである。

このあたりの文章は、「げん」を「私」と書き換えたほうが自然な感じがするほど、実質的に一人称小説に近い書き方になっている。ところが、その直後に、「げんも傘なしにひとしく濡れていた」という一文が現れる。そこまでずうっと、げんの眼に映った対象が読者の前に映像として展開してきたあと、ここで視点人物げん自身の姿が初めて画面の中央に映し出される。一人称ではなく三人称小説の枠組みだから、こういう芸が可能なのだ。ここがもし、一人称で「私も傘なしにひとしく濡れていた」と書かれていたらどうだったか。弟を想う姉の至情が激しく叩きつけられたあとだけに、どこか自身の姿をうっとりと眺めるような姿勢が、きっと気になることだろう。そういう感情に流されたナルシシズムに陥る危険をからくも免れたのは、三人称の形式を残して「げんも」と自然に書くことのできる、この作品の視点構造の奇跡であったように思われる。

お母さんの大きな下駄

坪田譲治の『風の中の子供』で子どもの姿や心が読者にしみるのは、作者が善太や三平という子どもになりきって書いたからかもしれない。なりきると文章はどう変わるのか、その表現の在り方を、作中の視点の問題として考えてみたい。

第一に、「善太がお使から帰って来ると、玄関に子供の靴と女の下駄がぬいであった」という一文を取り上げよう。この文は、「帰って来なければ……ぬいでない」という一般的な条件を示す構文ではなく、「帰って来たときに……ぬいであるのに気がついた」という意味である。つまり、この表現は、発見する主体すなわち善太の存在を前提としている。

第二は、玄関にあるいろいろなもののうち、「子供の靴と女の下駄《げた》」という履き物の組み合わせに関心のある人物、すなわち、事情があって母親の兄の家に預けられている弟の三平が家に戻るのを心待ちにしている善太が目にとめた対象である。

第三に、「思わず微笑が頬にのぼって来る」という文で、微笑が頬にのぼる事実を「て来る」ととらえうるのは、その当人すなわち善太自身のほかにはありえない。

第四に、「上にあがって行く」「お辞儀をして側《そば》に坐る」のように、主語なしの現在形文末で記される各文は、実質的に日記のような一人称の主語を思わせ、ここでは初めに出る主体、善太の意識がそのあたり一帯を支配する結果となる。

第五に、「立って、その辺を歩いて見る」という一文における「その辺」や「…て見る」という述べ方には、その当人である善太の眼が感じられる。

第六に、「玄関の帽子掛けにチャンと三平の帽子があり、その下に背負いカバンも置いてある」という文では、「チャンと」という主観的な副詞に、三平の帰っている証拠をやっと見つけた善太の安堵《あんど》感が映っている。

第七に、一見したところ客観的な描写に感じられる「柿の木の下へ行って見ると、そこにお母さんの大きな下駄がぬいである」という一文で、「大きな」という形容に注目したい。一瞬、お母さんの足のサイズがばかでかいのかと錯覚しかねないが、ここは下駄そのものの大きさの問題ではない。事実、玄関にあったら「大きな」とは書かなかっただろう。

木の根元までお母さんがそれを履いて行ったと考えたら、こういうよけいな連体修飾はつかなかったはずだし、そもそも、お母さんは木登りなどするはずはない。ここは今、その柿の木に登っているにちがいない三平がそこまで突っかけて行ったものと思い込んでいる人物、すなわち、三平の姿を探している善太が、やっと見つけたぞと、小さな三平の足を頭に浮かべ、それとはまるで釣り合わない大きさの下駄を発見した瞬間の感想を添えたのだろう。つまり、この「大きな」という形容は善太の感覚が選びとったものなのだ。

子どもになりきり、このあたり、帯を善太の感覚で描いてみせた作者の視点構造によって、こういう生き生きとした場面が実現できたという事実は否定できない。

十三　成熟した〈間〉──【余白】

表現の〈間〉＝創作過程での思考の切れ目を活用する、創造的な〈無〉の働き

え？　誰が？

《表現の〈間〉》という問題を考えてみたい。音声言語の場合は、ポーズという無声の時間として、その存在を聴覚的に確認できる。文字言語である文章の場合は、一般に〈間〉の存在を感覚的にとらえにくい。文学では、俳句のような短詩形を除き、一度の文学的衝動で表出が完結することはなく、なんらかのレベルで自己完結性をもったいくつかの表現行動の連鎖として成立する。そのため、本質的に、文章という言語的な統合体の内部にも、そういう接ぎ目にあたる何がしかの間隙が残っているはずだ。いわば息継ぎのようなものとして生理的に義務づけられる空白部である。

そういう創作過程での〈間〉を、ことばで埋めて目立たなくするよりも、むしろ積極的に活用しよ

うと、情報に間隙を設けるなど、時にはそれを言語的に拡大し、あるいは意図的に創出してきたのが、日本人の美意識であったように思う。文学作品における〈間〉を、創造的な〈無〉の活用と解し、その空白を有効に働かせる言語操作を具体例で示そう。

里見弴の『縁談窶《えんだんやつれ》』に、二人のこんなやりとりが出てくる。「小父さん」が「お前さん、それをすっかり聞いてたのかい」と言い、都留子が「ええ、聞いてたわ。だって、お茶の間にいたんですもの、いやでも聞えて来るじゃァないの」と応じる、この部分は論理的にもきちんと対応している。ところが、小父さんはそれに対して「押しの利かねえことおびただしいもんだね」という反応だ。ことばの表面を文字どおりに解釈すれば、この発言は、話を聞かれてしまったことにも、また、それが盗み聞きしたわけでないということにも、直接にはつながらない。そういう話を聞いて都留子が自分たちの関係を知ってしまったことに対するとまどいを口にしているのだ。まだ子どもだと思っていた相手にそんな弱みを握られたのでは、大人として大きな顔で意見をしても、これからは迫力がなくなってしまう、結果として起こるそんなことを取り上げた発言だからである。都留子が「え」と聞き返すのは、一瞬そういう論理の隙間を埋め切れなかったからだろう。

その「え」に対する「いいえさ」という小父さんの対応も、すんなりとはつながらない。

「子供というやつァ、うっかり油断がならないッてことさ」と続くことばも、押しの利かない事態にならないよう気をつけないと、といった意味合いであり、やはり相手の疑問に直接答えていない。油断がならないというそのことばに都留子は「ニヤリと笑って」、「でも、御幸福だわね」と応じる。この「でも」という逆接の接続詞は、これから述べる自分のことばが、小父さんのその発言と論理的に矛盾することを予告するわけではない。むしろ、それまでの文脈の流れを断ち切って、「ともかく」というニュアンスで話題の小転換を図ったものだろう。

相手にいきなり「御幸福」などと言われて、小父さんが「え？　誰が？」という反応になるのは、すっとぼけてみせたのかもしれないが、都留子の意外なことばに瞬間的についていけなかったと考えるほうが自然だろう。まだ子どもだと思っていた相手に、まさか自分たちの関係をそんなふうに評価されるとは思ってもいなかったので、とっさに何のことかのみこめなかったような気がする。いずれにせよ、話はスムーズにかみ合わない。

「小父さんだって、あの方だって」という都留子の次のことばは、驚いて「え？　誰が？」と発した小父さんの問いにまともに応じている。が、それに対する「御幸福は恐れ入ったな」という小父さんの反応は、また対話の筋の論理を飛躍してしまう。そう評価された気持ちの吐露にすぎず、幸福だとする都留子の判断を肯定も否定もしていないからである。

「然《しか》し、男と女とが一緒に住んでりゃァ、それで御幸福と思えるくらいが花かも知れないよ」と続ける小父さんのことばもまた、そんなふうに単純に考える、うぶなうちが一番いい時期なのかもしれないという意味だろうから、幸福か否かという話題とはつながらない。「小父さんも、もう一度そういう気持になってみたい」ということばを「あら、可厭《いや》だ！　そういうわけじゃァないけど」と都留子が打ち消すのも、また、小父さんがそれに「いいよ、わかってるよ」とかぶせるのも、相手の発言にきちんと論理的に応じるというより、関連のある範囲で微妙にずれながら、何となく縁でつながって流れてゆくという感じだ。

論理的にはむしろ空白をはさんで、二人のことばが飛び交う。この隙間だらけの展開がスマートさを感じさせ、読者に粋な会話と映るのだろう。べったりと情報のつながる息苦しい展開とは対照的に、鬱陶しさを吹き払う不即不離の絶妙な〝附け味〟、《表現の〈間〉》をあやつる、こういう連句のような展開の呼吸を学びとりたい。

……だが、そんな……

鎌倉の里見邸を訪問した折、「声には出さない。口だけ動いてる」と、この作家は執筆中の自身のようすを語った。「目で追うだけでなく声を出したくなる」、そういう朗々誦すべき文章を心がけてのことらしい。同じ一九七六年の三月五日に同じ鎌倉の雪ノ下の永井龍男邸を訪ねた折には、久保田万太郎の話になり、「僕らが遊びに行くと、ま、あんた、聞いてくださいよ、三枚できたから、と言って原稿を読んで聞かせるのがとても好きでした」という逸話まで飛び出した。読者にも声を出して読むことを期待していたらしい。

たしかに万太郎の文章は唇に心地よい、調子の高い文章である。例えば、『雨空』は「俺は姉さんが好きだった。……約束もした。……だが、そんな……そんな約束なんか」と流れるし、『春泥』も「――八丁堀の空にも雨はふっていた。……みぞれをまじえたその雨がそのかれの耳にも冷え冷えと音を立てていた……」という調子で展開する。

読まなくても、文面を眺めただけで久保田作品とわかるほど、この作家は読点のほか、極端にリーダーやダッシュを多用する。時間的な空隙を意識させるそれぞれの記号が役割を分担して、語り体の小説におけるナレーターの呼吸を読者に生なましく伝えてくる。それらは単なる時間の経過というより、語り手の領する時間の中で起こる言いよどみや沈黙のけはいとして、読み手の心を揺さぶる。主人公の感傷がじかに伝わってくる思いがするのは、そこに断続するリーダーやダッシュを、読者が語り手や主人公あるいはその作品の《視点人物》の思い入れとして、胸深く読み込むからだろう。

『末枯《うらがれ》』では、「主人《あるじ》に言葉をかけられて、年をとった、病身な犬は、甘えるように、鈴むらさんの膝のそばへ来て体を擦りつけた」という一文に次いで、「……日本橋時代からの奴僕《しもべ》だ。……日本橋から深川、深川から浅草、十年あまりの間、主人とすべて運命をともにして来た殊勝《けなげ》な奴僕だ。……鈴むらさんも、鈴むらさんの御新造も……」と流れていく。ある種の語り口がはっきりと聞きとれるため、本来は時間的な空白部を暗示する、頻出するリーダーの箇所を、読者はそれだけ主体化して読みやすい。つまり、単なる時間の経過として論理的に読むだけでなく、語り手自身の心理を反映する言いよどみや沈黙を暗示する語りの〈間〉として、読者の内面への波及効果を生ずることとなる。

その結果、語りの感情的な側面を印象づける。老犬を「日本橋時代からの奴僕」と位置づけるのも、「日本橋から深川、深川から浅草」と展開し、そこに論理上の小さな空隙をはさんで「十年あまりの間」と跳ぶのも、この叙述の底流に、《視点人物》である鈴むらさんの感受性が脈打っているからである。そこここに現れるリーダーの箇所も、読者にはきっと、鈴むらさんの沈黙の時間として伝わることだろう。

ひるに近い閑な時刻

そういう書き方を、「読者を無理にそこへ坐らせて、まあお聞きなさいよっていう文章」と評した永井龍男の初期作品『絵本』は、また違った形での空白が目立つ。「雨が降っている。古風な機関車が真白な煙りを吐いて止まっている」と、まるで散文詩のように書き出す。また、「海は、古いフィルムを一杯にほぐしたり、透かして見たりしている」と書き、「夕方の白さが駅を中心としてどこにも見える」と続け、改行して「山の手の森の中の家に灯《あかり》がつく」という短い一行段落をはさみ、「駅の中は夕刊のにおいがする。車掌の手袋は汚れている。停車場は顔を持っている」と続く一節もある。

一文一文の独立性がきわめて高いのは、文と文とをつなぐ接続語を省いて、その間の関係を故意に断ち、読者の想像を働かせる余地を大幅に残したからである。風通しのいい詩的な流れだが、いささか強引に過ぎ、ほとんど点描に近いタッチの前衛的な手法である。永井龍男を訪問した折にそのことを話題にすると、この作家は「新感覚派の気運に乗って、新しい文章を書いてやろうと、止《よ》しゃいいのに若気の至りで、ああいう形のものを書いた」と、みずから時代の影響を認めた。昭和五年（一九三〇）、吹き荒れた新感覚派の風はまだ名残をとどめ、若い作家たちを刺激していたのだろう。

それから二十年後、朝日新聞に小説『めし』を連載中だった林芙美子が急逝し、永井龍男は思いもかけずその代打に起用される。わずか三日間で長編の構想を練り、『風ふたたび』をこう書き出した。「つぎはぎだらけの、職業安定所の上にも、ひさしぶりの青空が見える」という一文を記しただけで、すぐ改行し、「夜中の豪雨が、重苦しい梅雨空を、どうやら切り放したらしい」という一文を添えて、また行を改める。そして、「代々木へ向けて、渋谷駅を出た山手線の電車が、この辺でスピードを増し、車体をかしげながら、ゆるい上りこうばいを走り去る」という次の一文を書いて三たび改行し、「線路下の土手にそって、はちまきをした半裸の若者が、一球一球、むきに力をこめた、キャッチ・ボールをしている。もうひるに近い閑《ひま》な時刻だ」と、初めて二つの文を続けるものの、やはりそれだけで、またもや行を改めるのである。

二十六歳と四十七歳、『絵本』とこの『風ふたたび』の文章に、それぞれの執筆年齢の差がくっきりと刻印されている。どちらも段落が極端に短く、論理の空隙を含んだまま、ひらひらと展開する点描風の筆致だが、後者はその文間の空白がすっかり円熟し、圭角《けいかく》のとれた感がある。この作家がいつかおのずと表現の気負いを拭い去り、文章の心を沈潜させた跡がはっきりと見てとれる。この事実は、文の隙間から詩情をにじませる表現構造が、けっして一個の接続詞の消去という安易な手段によって一挙に成立するはずのない事実を示唆しているだろう。

ぼんやり風呂につかって

同じ作家のその後の作品『傘のありか』の文展開を眺めながら、そのあたりをもう一度、確認しておきたい。「宿の女中が雨戸を繰るのを、待ちかねて私は起床した」、「頭が重く、朝風呂を急がせた」、「梅雨がいよいよ腰をすえたらしく、霧雨が煙っていた」、「傘のことに思いが及んだのはぼんやり風呂につかっていた時だった」と、それぞれ短い一文だけの小さなパラグラフが四つ、ぼんやりとした状況的なつながりだけで展開する。そういう流れを受けて、「ハッとした。忘れてきたかと思ったたし、案外宿の傘立てに、納まっているような気もした」と続く。これとて、短い文が二つだけの、ごく小さな段落だ。

文学空間を構築するのは、表現レベルでの単なることばの省略ではない。認識のレベルからすでにきっちりと抑制が利き、表現対象を適正に選別できる勘が働くとき、そのすっきりとした文章にみなぎる爽涼の気、表現における創造的な〈間〉とは、そういう一つのけはいなのかもしれない。颯爽《さっそう》とした鮮やかな〈間合い〉を期待する読者には、中年以降の永井作品にさりげなく潜んでいると、ここまで見てきた、こういった表現の〈間〉など、なんとも頼りなく、ないと言えばないようなものだろう。しかし、それでも、こういう域に達してはじめて、《表現の〈間〉》が成熟したと言えるような気がする。

単調な雨の音に玄妙なリズムを感じ、意味もなく広がる夜空に星座という美しい物語を思い描く、人間というものの本質的な気ままさ。円熟した作者がおのずと置き去りにする創造的な《表現の〈間〉》という存在も、円熟した読者のそういうゆたかな想像力に出あうたび、次第にその彫りを深くしていくのだろう。

十四　余情の滴り――【残映】

余韻＝原義は残響や反響意識だが、言外の意味や読後の味わいの意に広がる
余情＝①終わった後に残る情趣や風情　②言語表現の隙間から汲みとれる表現者の感慨や言外の意味　③文章の刺激を受けて読者が抱く情緒　④読書で形成されたイメージから読者が過去の記憶を連想することで起こる情緒　⑤読書体験で得た心理的影響が長く潜在し、他の刺激によって活発となる情緒

秋の日のどんよりと曇って

詩歌と散文とを問わず、日本文学では古来、特に鎌倉初期の新古今和歌集以降、美的理念として《余情》を大切にしてきた。すべてをくどくど言い尽くさない態度を好む日本人は、べったりとしない、風通しのよい表現を、〈粋〉として求めてきた。余韻余情に価値を置くそういう風潮は広く深く浸透し、もちろん近代以降の文学作品にも及んでいる。何となく同じような意味合いで使われているが、《余韻》はもともと、鐘などが鳴ったあとに残る響きを意味したようで、ことばとしては、最終部分の微弱な音響から残響や反響、さらには、それによって生ずる人間側の感覚や意識までを含めて使われることが多い。一方、《余情》のほうは音響そのものを意味することはなく、終わったあとまで残る情趣

や風情、文学作品の場合は、言語表現の隙間から汲みとれる主体の感慨や言外の意味をさして使われる。

永井荷風の『雨瀟瀟《あめしょうしょう》』に「此《こ》れから先わたしの身にはもうさして面白いこともない代りまたさして悲しい事も起るまい。秋の日のどんよりと曇って雨にもならず暮れて行くようにわたしの一生は終って行くのであろうというような事をいわれもなく感じたまでの事である」とある。「成りゆきの儘《まま》送って来た孤独の境涯が、つまる処《ところ》わたしの一生の結末であろう」と考えるこの作家の、人生の秋に立った所感なのだろう。人間も自然の一つの点景にすぎない。ここにも、「立つ秋の俄《にわか》に肌寒く覚える夕」という時候に、自然と切り離せない人生観を語った一節として、読者の心の奥深くしみわたる、余情たっぷりの文章である。

白い雨の後姿

佐藤春夫の『田園の憂鬱』に、「そうして、その秋の雨自らも、遠くへ行く淋しい旅人のように、この村の上を通り過ぎて行くのであった。彼は夜の雨戸をくりながらその白い雨の後姿に見入った」という一節がある。この作家は接続詞「そうして」の大家と言われる。この作品にも、「こうして幾日かはすぎた。薔薇のことは忘れられた。そうしてまた幾日かはすぎた」といった散文詩のような箇所がある。

このあたりにも、初秋の雨が、「家のなかの空気をしめやかに、ランプの光をこまやかなものにした」といういやや主体化された情景描写から、旅愁に似た感情を抱く一文へと流れる、その移行の節にまず「そうして」が現れる。そしてそこから、旅愁という心のありようがそういう気持ちを誘った秋の雨そのものに、逆に旅人の姿を思い描く次の一行への屈折した流れにも、やはり「そうして」という万感をひきずった接続詞が立つのだ。

雨を旅人ととらえて、その「後姿」を見つめる眼。最初に引用した部分の擬人的な美しい発想も、そういう展開を受けて文章展開は広い空間を抱え込み、ふくらみが出る。初秋の雨が旅愁を誘い、その旅愁という心が、雨に旅人のイメージを重ねる。ほとんど一人称にも近い「彼」の見つめる白い雨の姿が、実は、人生の旅人としての自身の心にほかならないことに、はっと気づく。これもまた、しみじみとした《余情》である。

何一つ未練なく……

文章の鑑賞にはどうしても主観的な要素が入り込む。余情の感じ方ともなれば特に個人差が大きくなるはずだ。そこで昔、早稲田大学・青山学院大学・成蹊大学の文学系の学部生数百人を対象に《余情》に関するアンケート調査を実施した。ここではその一部、約百人分の結果を紹介する。調査の対象とした文学作品は、幸田文『おとうと』・丸谷才一『笹まくら』・阿部昭『大いなる日』の各書き出し、里見弴『椿』・徳田秋声『風呂桶』・志賀直哉『山鳩』・石川淳『紫苑物語』・井伏鱒二『珍品堂主人』・安岡章太郎『海辺の光景』・辻邦生『旅の終り』のそれぞれ結びの文章である。内容のまとまりを考慮して抽出した結果、それぞれ四百字以上一千字以内の範囲におさまった。余情というものを「まったく感じない」「少し感じる」「かなり感じる」という三段階の判定を求め、それぞれ〇点、一〇・五点、一点を与えて文例ごとに〈余情得点〉を算出した。その結果、余情得点が七〇を超えたのは『旅の終り』八四・三、『海辺の光景』七四・九、『紫苑物語』七二・〇、『大いなる日』七〇・五の四編であった。大差をつけて首位に立つ『旅の終り』はいったいどんな文章なのだろう。

この作品の場合、妻との旅の終わりにイタリアの小さな町で起こった心中事件の心理的余波を描く一節を抽き出した。「私たちはその夜、一晩じゅう雨の音をきいていたように思う」「私は暗い人気のない通りに雨の降りしきるのを見つめながら考えつづけた」「私は思わずそうつぶやき、街燈の光のなかにしぶく雨脚を、ながいこと見つめていた」と、こう並べてみると、余情感を誘いだす〈雨〉の効果に気づく。街燈の明かりに照らされた雨が物思いにふける主人公の姿を映し出して降りしきる。あえて作品場面にイメージの素材を求めた「妻がそういったときの気持が、私の中に、雨のしずくのように、流れこんでくるようだった」という、しっとりとした比喩表現の効果もあって、雨の冷たさと潤いが、いわば被写体としての「私」の内面にまで浸《し》み込む。また、「雨はまだ降りしきり、街燈の光のなかで、雨脚がしぶきをたてていた」から「雨につつまれた町は死にたえたように静まりかえり」へと展開するあたりから、読者は作品場面での雨の激しさがまるで主人公の悲しみを象徴しているように読むかもしれない。そうなると、「雨にうたれた空虚な闇」という表現も、単に空間的な存在であるにとどまらず、心理的な存在として読者の胸に訴えかけることだろう。

第二として、いわば〈景〉と〈情〉との一体化の働きをあげることができる。「この町にとどまりたい激しい衝動を感じた」から、次の「一瞬ふれあい、また永遠に離れていってしまう何かである気がした」への移行にも、現実とのぶつかりをストレートに描くのではなく、それが与える衝撃という内面の事実として伝える、表現の間接性が認められる。それがやがて読者の心の中でイメージの広がる、いわば埋もれ火として残るような気がする。

余情をそそりやすい第三の条件として、今度は旅を舞台にして人生を語った点を取り上げよう。出あいと別れ――それが「旅」であるなら、「人生」もまた、まさに出あいと別れのくり返しにほかならないからである。昔、井伏鱒二邸を訪問した折、『厄除け詩集』に載っている有名な漢詩訳「ハナニアラシノタトヘモアルゾ／「サヨナラ」ダケガ人生ダ」を話題に取り上げ、「あの訳の魅力はどんな性質のものだとお考えですか」と問うと、当人は「あれを五七五にしたら上品な訳になっちまう。肩が張ってしょうがない。それを七七調の土俗趣味にした。あれは安来節で唄えますよ、櫓《やぐら》の上で……」と笑った。まさしく人生はサヨナラの連続である。その意味でも旅は人生に似、人生は旅に似る。ただでさえ感傷的な気分になりやすい異国の旅先でふと垣間《かいま》見た、見知らぬ二つの命の終わり。旅と人生という二つの映像の遠近感が、思いもかけず文章の奥行を深め、感傷に誘う。

第四として、非限定の表現の頻出する効果を指摘しよう。「空虚な闇」といった象徴的な表現以外にも、「ある悲劇」という不定の指示があり、「永遠に離れていってしまう何か」といった非限定の表現、「なぜか」「どのくらい」といった未解決の叙述、「見わけることもできなかった」といった不確定の記述も出る。「……頃だろうか?」「……のように?」といった疑問の形がしばしば現れ、「おそらく……たつだろう」「おそらく……のことも」と推量を重ね、「……ように思う」「……か何かである気がした」と断定を回避して文を結ぶ。いずれも指示をぼかし、含みを持たせる方向の表現であり、想像力を刺激して余情を呼びこみやすい。

第五として、「イタリアで……?」「愛してたんでしょうが……よくあることです」「歴史もなく、歴史に鞭《むち》うたれることもなく……」「おそらく私たちは明日午後の列車で町をたつだろう、何一つ未練なく……。そして五年後には、ジュゼッペのことも忘れるだろう。おそらくこの小さな事件のことも……」という調子でリーダーを多用し、文中の余白を視覚的に印象づけ、省略感を誘うことを指摘しておきたい。明確にある一定のことばを省略した箇所というよりも、場の空気の重苦しさから、ことばを中断したり言いよどんだりした、息の詰まりそうな沈黙のけはいを感じさせる。読者はそれらのリーダーを語り手の息づかいと聞き、そこに感情の動きを読みとるのではないか。

もう一つ、第六として、「私」の、語り手の、ひいては作者自身の深い思い入れが伝わってくることを、余情の滴りの一因としてあげておきたい。「どのくらいたった頃だろうか、私はそっと起きて、窓をあけ、外を見た」という文を読みながら、自分がいつか頭の中でその動作をなぞっていることに気づくかもしれない。「私は思わずそうつぶやき、街燈の光のなかにしぶく雨脚を、ながいこと見つめていた」という一文で、そういう感じはさらに強まる。「私」という一人称で叙述しながら、その主人公自身の行動を「見つめていた」と過去形で記すことによって、その折の「私」の姿はその行為を「見つめられる」対象の位置へと後退する。こうして、それまで感じ考えてきた主体としての「私」が画面から遠ざかるにつれて、きっと読者の中に物想う気持ちが広がってくることだろう。

一九八〇年三月七日、筑摩書房の雑誌『言語生活』の企画で、東京御茶の水の龍名館に大岡信・谷川俊太郎の両詩人と小説家辻邦生の三氏を招き、語感とイメージをめぐる座談会が催された。その席で、辻は「僕は、自分でも音読が好きだし、それが書く時の基本にあるんです」と発言し、「黙読だけを散文の基本にしている人と音読を想定している人とでは、ことばに対する感じ方は非常に違ってくるんじゃないかと思いますね」と続けた。たまたま司会としてその現場に居合わせた縁で直接その声が耳に入った。

その前の一九七一年十一月四日、東京成城の大岡昇平邸を訪問した折、「読み返す時に音読なさいますか」と問うと、「読むということはありませんね」ときっぱり否定した。そして、たまたまラジオで「自分の作品の朗読を聞いていると、たいてい堪《たま》んなくなって、途中でやめちゃうのですがね」と笑いながら、「僕の文体は朗読に適していないはずです」とこの作家はみずから断定した。

「黙読だけを散文の基本にしている人」という辻発言を聞いて、とっさにそのことを思い出した。リーダーの活用に象徴される文間の間合いなど、それとは対照的な辻邦生の文体は、執筆時のそういう音感意識に支えられているのだろう。その意味でも、両作家の発言はそれぞれ貴重なものだったと、改めて思い返されるのである。

風に吹かれているような

逆に、〈余情得点〉わずかに一八・二、圧倒的な差で最下位を占める『珍品堂主人』の末尾は、はたしてそれと対照的な文章なのだろうか。おっとりとしたユーモア小説と見る立場もあれば、哲学的理念をひそめた苦みの強い小説と見る立場もあり、また、東洋的な虚無感の漂う現代の能と見る立場もあって、飄々《ひょうひょう》としたこの作品の評価は定まらない。

「ちゃんとした学校の先生」崩れで、趣味がいつか本職になってしまった骨董屋の加納夏麿、この通称「珍品堂」という主人公がその商売に行き詰まり、料理屋を任される。塗物は石川県、焼物は岐阜県、味噌はどこ、蕎麦粉はどこと凝りに凝った甲斐《かい》あって、料亭「途上園」は繁昌《はんじょう》するが、金主の紹介で顧問格に迎えた蘭々女という茶の師匠に弱みを握られ、ついには自分の育てた店からいびり出されてしまう。そうして傷心のまま、ふたたび骨董の道に舞い戻るという筋の小説である。

古い手帖によると、一九七五年十二月十三日の昼下がり、作家訪問の雑誌企画で、筑摩書房の編集者持田鋼一郎と速記協会の福岡孝理事ともども、東京杉並清水町の井伏鱒二邸を訪ねたらしい。無造作に「井伏」と書いた紙を表札代わりに貼った木の門をくぐり、玄関で奥様に挨拶して座敷へと向かった。廊下から声をかけても返事がないので、大きな声で呼ぶと、部屋の内部から何か聞こえるが、声というより人のけはいに近い。襖《ふすま》が少し開いていて炬燵《こたつ》に入った当家の主らしい姿が見えるので、一同「失礼します」と部屋に踏み込んだ。聞き手を務める関係で自分が主人の真向かいに坐り、たがいに顔を見合わせる客観情勢は整った。初対面の挨拶をと思ったその瞬間、井伏はさっと視線をそらす。とっさに人見知りのひどい赤ん坊を連想し、きまって場面のクライマックスで水を差す井伏文学のはにかみを思い出した。対談に入っても話がぎくしゃくしてなめらかに流れない。しばらくして夫人が紅茶とアップルパイを載せたお盆を持って現れると、そのせいでもあるまいが、腫れぼったい雰囲気はみるみるほぐれ、いつか、「小説と随筆との違いはフィクショナイズされてるかどうかですか」という問いを「ほんとのことを書いても小説欄に入れたほうがいいこともある。原稿料が随分違うんだ」と冗談にしてはぐらかす、井伏本来のいたずらっぽい笑顔が目の前にあった。そうなるまでに時間のかかる、はにかみ屋なのだ。それから先は独演会の趣を呈するほど、この作家は丸顔で雄弁に語った。その三ヶ月後に訪問した永井龍男が、「あの井伏が君によくしゃべったね、将棋や釣りの話なら別だが」と驚くほど、自分の文章について他人に語りたがらない作家だと知った。

一五人分の作家インタビューを終えて筑摩書房から『作家の文体』と題する本にまとめた。その本の表紙カバーに、武者小路実篤・尾崎一雄・小林秀雄・円地文子・吉行淳之介ら訪問した作家たちの原稿をちりばめて文学的雰囲気を盛り上げようという案が持ち上がったが、井伏の筆跡だけが漏れている。インタビューを受けたことを覚えていないという信じがたい理由で断られたという。ところがである。それから間もなく当時の勤務先である国立国語研究所に中央公論社の文芸雑誌『海』の長田勝彦編集長から、思いもかけない一本の電話が舞い込んだ。井伏鱒二『珍品堂主人』が中公文庫に入ることになったのでその解説を担当するようにとのこと。身に余る光栄な話だが、井伏鱒二御自身の名指しだからゆめゆめ断ることのないようにとの話で、思わずわが耳を疑った。インタビューを覚えていない云々のあの話はいったい何だったのか。自分の筆跡が本の表紙を飾る晴れがましさに照れて、並の人間には思いつかない記憶喪失のせいにして断ったのかもしれない。一筋縄ではいかない井伏文学における虚実皮膜の笑いが骨身にしみるようになったのはその頃からのような気がする。

　その文庫解説で、蘭々女にじわじわ自分の座を侵蝕され、心血を注いで育てた途上園から飛び出さざるを得なくなった珍品堂がついに爆発する場面に言及した。この高級料亭の支配人が、「私」を「俺」に、「あなた」を「あんた」から「てめえ」に呼び換えて怒りを破裂させる。読者は、相手も金切声をあげて応戦するか、あるいは冷たくあしらうかと息を飲む。ところが、「タンマ」と声をかけ、あの憎らしい女顧問が、なんと「あどけない女の子のように頭を下げる」のだ。思いもかけないこの「タンマ」の一声が修羅場の生臭さを洗い去り、とたんに主人公は気勢を殺《そ》がれておろおろする。時には骨董仲間を出し抜き、隙を見ては女中にも手を出そうという俗物の珍品堂が、そのタンマにほろりとする。原文に、「すっと一陣の風が通りすぎたようでした。今までの殺気だった気持が吹き飛んで、苦笑が浮かぶ代りに、どうしたことか涙が込みあげて来るのでした」とある。人間の底にひそんでいるとこの作家のきっと信じている、こういう幼い善意がにじみ出て、さわやかな微笑を誘う。どぎまぎする主人公の姿が読者には可笑しくも美しく見え、ほのぼのとした作品に感じられる。

だが現実の世の中、そんな甘いものではない。幼い善意など、むろん世間には通じない。そのほとぼりも冷めないうちに蘭々女は「タンマ、くゥずした」と巻き返し、珍品堂は手もなくその店から追い出されてしまう。このような全文脈の重みが流れ込み、あのラストシーンのふくらみが生まれる。解説で最も強調したのはそういう幕切れである。自分が心血を注いで育て上げた料亭を追われ、夢やぶれたこの愛すべき俗人は、「ぼろい儲《もう》けをするたびに、自分の何よりも気になる頭の毛の薄いのが、そのつど禿《は》げ募るという気がする」ものの、「窮すれば通ずる」と、また骨董の道をふらふらと歩き出す。その後姿に井伏はこの作品のすべてを賭けたように思える。事実、この作品が映画化された折、ラストシーンに、思い屈した後姿のそういう風情が出ていれば、もう言うことはないと周囲に語ったらしい。

「今年の夏の暑さはまた格別です。でも珍品堂は、昨日も一昨日も何か掘出しものは無いかと街の骨董屋へ出かけて行きました」と書き、「例によって、禿頭《はげあたま》を隠すためにベレー帽をかぶり、風が吹かないのに風に吹かれているような後姿に見えているのを自分で感じているのでした」と絶対的な時間を創出し、作品はうっとりと象徴的に閉じようとする。秋風落莫《しゅうふうらくばく》、見得を切って花道をさがることに照れるこの作家は、その結びに、「このところ、下痢のために少し衰弱しているのです」という最後の一行をあえて書き添える。余情というものが作品全編の重みを背負ってにじみ出すものであることも、それが最高潮に達しかけたことに気づき、あわててうやむやにしてクライマックスを消しにかかる大仰なはにかみの所作、それが、この作品の神韻とも言うべき幕切れを演じたことも、これで納得がいく。

と同時に、学生の調査の結果、この作品が〈余情得点〉で大差の最下位に沈んだ事実も説明がつく。きっと井伏文学における余情というものの在り方が、それを汲みとるのに読者のある資質と、何がしかの年季を要するほどに、とてつもなく難解で奥深いからだろう。

十五　出会いの趣――【冒頭】

書き出しの型＝①〈人物〉から　②〈時〉から　③〈場所〉から　④〈状況・事情・経緯〉から　⑤〈思い入れ〉から　⑥引用から　⑦奇抜な視点で　⑧雄大に　⑨象徴的に　⑩衝撃的に　⑪接続詞から　⑫作中人物の内面から

文科第七番教室

最後の二つの章で、文章の開閉における技と心を考えてみたい。まずは書き出しの心遣いである。例の雑誌連載の作家訪問企画の第一回として、帝国ホテルの一室に吉行淳之介を訪ねた折、「作品の冒頭は、相当意識なさいますか」と問うと、「僕は冒頭は割にフラッと出るんです」と珈琲を一口すすり、「書き出す前の、ほんとに内臓のどこかが悪いんだと思う、そういう何日かがあっての上での冒頭はすぐ書けますね」と、むしろその前の苦しさを強調した。仕上がったら医者の診察を受けようと思って、「原稿渡したらスーッと治ったり」と、この作家は笑う。古く横光利一が、序に「国語との不逞《ふてい》極る血戦時代」と記した『書方草紙《かきかたそうし》』で「書き出しに良い句が来なければ、その作は大抵の場合失敗している」と大胆に言ってのけたのも、あるいはそういうことだったかもしれない。

小説にも起筆の基本形のようなものがあるらしく、いくつかのタイプが見られる。森鷗外『ヰタ・セクスアリス』のように「金井湛《しずか》君は哲学が職業である」と〈人物〉から入る例もその一つだ。瀧井孝作は『結婚まで』を、「信一は、笹島さんを彼女を恋して居る、この心持は段々にそれと自分に分ったが、信一は彼女をはっきりと思う工合《ぐあい》になっても、この一ツの心持は誰にも秘めてヂッと堪《こら》えて居た」と書き出した。この場合も、「信一」という主人公を最初に提示し、その気持ちの説明から入っているから、それに類する書き出しと考えてよい。

次は、田宮虎彦『鷺』のように「慶長八年十一月十一日夜亥《い》の下刻」と〈時〉から入るタイプである。同じ作家の『落城』も、「慶応四年十月十六日、仙台にあった奥羽追討の西国勢主力についに北上の動きが見えた」というふうに、「慶応四年云々」と最初に〈時〉を提示してから物語に入るタイプである。

第三は、志賀直哉『雨蛙』の「A市から北へ三里、Hと云う小さな町がある」という冒頭文のように、〈場所〉から入るタイプである。これは実際の地名でなくアルファベットにぼかしてヒントを与えている例だが、三島由紀夫『潮騒』では「歌島は人口千四百、周囲一里に充《み》たない小島である」と最初に固有名を提示して物語に入る。古く永井荷風は『榎物語』を「市外荏原《えばら》郡世田ヶ谷町に満行寺という小さな寺がある」と場所をぐっとしぼって書き出している。井伏鱒二の『休憩時間』は学生時代を戯画化した青春讃歌《さんか》だが、「文科第七番教室は、この大学で最も古く、最も汚い教室である」という一文で始まる。大学名こそ明記していないが、〈場所〉を特定の教室にまでしぼり込んだ冒頭である。もっとも、モデルは早稲田大学の第四番教室だというから、この作家らしく教室の番号まで脚色したとぼけた入り方ということになる。

第四として、夏目漱石『坊っちゃん』のように「親譲りの無鉄砲で小供の時から損ばかりしている」と〈状況〉や〈事情〉、あるいは〈経緯〉から入るタイプをあげておこう。

第五として、川端康成『抒情歌』の書き出し「死人にものいいかけるとは、なんという悲しい人間の習わしでありましょう」のように、心境・感情・意見といった〈思い入れ〉を述べて作品を始めるタイプを指摘することができる。

その他、冒頭に「いにしへに恋ふる鳥かもゆづる葉の三井の上よりなき渡り行く」という短歌を引用し、次の行に「……空はどんよりと曇って居るけれど、月は深い雲の奥に呑まれて居るけれど、それでも何処《いずこ》からか光が洩《も》れて来るのであろう、外の面《とも》は白々と明るくなって居るのである」と始める谷崎潤一郎『母を恋うる記』の例もある。また、井伏鱒二は小説『本日休診』で、冒頭にいきなり作中の舞台となる「三雲病院」の看板の文字をそのまま掲げ、「こんな看板が、最近、蒲田駅前の広場のはずれに立てられた。大きな看板である」と、作品を始めている。

吾輩は猫である

作品の冒頭の一文で読者が驚く書き出しということになれば、何といっても夏目漱石『吾輩は猫である』をあげないわけにはいかない。本文の冒頭文を掲げた題だが、〈奇抜な視点〉に発する奇想天外なこのタイトルは世間を驚かせたらしく、本家のこの作品が完結した一九〇六年に、早くも「吾輩ハ鼠デアル」と題するパロディーが現れ、「吾輩は蚕である」「吾輩ハ小猫デアル」「吾輩は猫被りである」などが続き、果ては「漱石の猫は吾輩である」という紛らわしい題まで出現したという。いかに衝撃的なタイトルだったか、その反響の大きさをうかがい知ることができる。

一九七六年八月二十七日、雑誌の作家訪問の企画で東京大塚の護国寺裏に網野菊を訪ねた。その折、師にあたる志賀直哉の影響に話を向けると、「真似《まね》って言うんなら、むしろ夏目漱石さんの真似をして書いたことがありますよ」と言い、「漱石のどんな傾向の作品ですか」と具体的に尋ねると、「例えば猫の話とかね。あれは猫になって書いてるでしょ、私は自分が物干し台になって書いたりね」と女学生時代を振り返った。たぶん「吾輩は物干し台である」などと書き始めたのだろう。

漱石のこの小説では、日本の知識階級、あるいは日本人そのもの、時には人間という存在そのものに痛烈な批判を浴びせたり、皮肉っぽく理屈をこねまわしたりする。その主が「ライオン」や「虎」では威厳がありすぎて、読者は頭を押さえられる気分になるし、「狐《きつね》」や「狸《たぬき》」では言うことに信用が置けない。「蛇」はなんだかひねくれていそうで、まともな議論になりそうもなく、「ゲジゲジ」や「さなだ虫」では論評できる知性に欠ける。かといって、「猿」のような高等動物では、批判が自身にもあてはまりそうで切っ先が鈍るし、身近にいて人間を見ている「犬」などは一見はまり役に思われるが、ああいう真っ直ぐな性格では、皮肉な物言いになじまない。その点、同じく人間の行動を近くで観察していても、「猫」は忠実一辺倒の「犬」と違って、いつもどこか醒《さ》めており、取り澄ました感じもあり、変わり身の早い点でもぴったりしているし、二重否定まで動員してインテリ口調で皮肉っぽく批判するこの作品の語り手として、まさに打って付けの存在だったと言えるだろう。

とはいえ問題のこの「吾輩は猫である」という冒頭の一文。馬鹿正直に読めば、この作品は猫が書いたことになるから、なんとも人を食った書き出しだ。読者の身のまわりにいる猫は、初対面でもこんなふうに自己紹介などしないし、そもそも日本語に限らず言語というものをあやつらないから、自分で文章を綴《つづ》り、小説など書くはずはない。人間ならぬ猫が語り手として物語の進行役を務めるというのだから読者は唖然《あぜん》とする。こうして、作者が猫になりすまして小説を展開させるという奇抜な趣向に、読者は手もなく引き込まれてしまう。ふだんは人間に小ばかにされている存在の「猫」だから、いくら偉そうな口を利いても、痛烈な人間批判を浴びせても、読者は相手はたかが「猫」だと思い、まともに反論する気にもならない。そんな「猫」が「吾輩」などという尊大な一人称で堂々と語りかけ、演説口調で勝手なことをまくしたてるのだから、読者は面くらってにやりとする。

こう考えてくると、絶妙の語り手による冒頭文の傑作と思わずにはいられない。

木曾路は山の中

優れた書き出しが数ある中で、冒頭に鮮やかに据えた一文として真っ先に浮かんでくるのは、島崎藤村『夜明け前』の「木曾路はすべて山の中である」という例だろう。高みから木曾路全体を一望した感じの表現で、一枚の鳥瞰図《ちょうかんず》、一葉のパノラマ写真を思わせる。この作品は、冒頭の一文で一瞬のうちに全貌をとらえ、以下、「あるところは岨《そば》づたいに行く崖の道であり、あるところは数十間の深さに臨む木曾川の岸であり、あるところは山の尾をめぐる谷の入口である」とそれぞれの部分に分けて具象化する。そういう流れを受け、「一筋の街道はこの深い森林地帯を貫いていた」として、読者の眼を、物語の舞台となるその木曾路へと誘導する。

この有名な書き出しの数行は、実は古文献『木曾道中記』を下敷きにしているとされるが、取って付けたような感じはまったくなく、作品の顔として一編をとりしきり、まさに大長編の幕開けらしい雄大なスケールで、荘重な調べを奏でている。冒頭を飾るこの文章の視点は、これから展開する作品の舞台を見わたせる位置にある。空間的にこれだけの視野を持ちうる視点であれば、時間的にも長い幅の見通しが期待できそうだ。まさに長大なドラマの開演を告げるにふさわしい書き出しだと言えるだろう。

トンネルを抜けると雪国

「国境の長いトンネルを抜けると雪国であった」という川端康成『雪国』の冒頭文もよく知られている。次第に暮れてゆく汽車の窓に娘の顔が映り、その奥を夕景色が流れる。透明なガラスを通して窓外の風景を見せながら、同時に鏡の働きをして車内の人をも映し出す暮れぎわの一刻、この作家には「人物は透明のはかなさで、風景は夕闇のおぼろな流れで、その二つが融け合いながらこの世ならぬ象徴の世界を描いて」いるように見える。そのため、「娘の顔のただなかに野山のともし火がとも」り、それが娘の瞳に重なった瞬間には、その妖しい美しさに胸が顫《ふる》えるのである。

トンネルを一つ越えるだけで車窓の風景が一変する、その新鮮な驚きを乗せて、この冒頭の一文がすっくと立ち上がる。雪国というとらえ方にも、また、それをいきなり冒頭に投ずる表現の姿にも、作中の《視点人物》として機能する島村をとおして、作者の感動が映っているような気がする。とすれば、「長い」という連体修飾語も、単なる空間的な距離というよりは、早く駒子に逢いたいとトンネルの闇にじっと耐えている心理的な時間の強調だったかもしれない。「長いトンネル」という暗がりを通り抜けた瞬間、思いもかけず闇の底にぼうっと沈む白い広がりが島村の眼に飛び込んできた。きっとそれが「雪国！」という感動として作品冒頭に記されたのだ。到着時刻から考えても、現実にそれはけっして白一色の華麗な映像ではなかったはずだ。にもかかわらず、作品冒頭のこのイメージ展開は、一瞬のまぶしさを伴って読者をひきつける。

まさに「雪国」の世界を正面に据えて、小説は《象徴的》に幕を開く。島村の無為徒労の現実の生活が営まれるこちら側の世界と、駒子や葉子の住む向こう側の世界——長いトンネルの手前と先とを、此岸《しがん》と彼岸、すなわちこの世とあの世とになぞらえる深読みも出るほど、この書き出しの一文はなにやら意味ありげな姿で立っている。

死のうと思っていた

《情報待機》の一例としてもあげたように、太宰治は『葉』を唐突に「死のうと思っていた」という一文で始めた。まるで幕が開くと役者がいきなり観客に切りつけるような《衝撃的》な書き出しだ。驚いた読者がこわごわ次をのぞくと、「今年の正月、よそから着物を一反もらった」などという悠長な話になる。まばたきしながら次を読むと、「お年玉としてである」とあり、以下、「布地は麻」だとか「鼠色のこまかい縞目《しまめ》」だとか、「夏に着る着物」だとかと、もらった着物についての説明がずうっと続く。読者は肝腎の「死のう」という話題が宙ぶらりんになって落ち着かないままに読まされてしまう。こけ脅しの冒頭文をちらつかせたまま、強引なサスペンスで引きずる、まさに読者を手玉に取る書き出しである。実に第七文まで来て「夏まで生きていようと思った」という表現が現れ、冒頭のショッキングな内容とようやく関連がつく。が、そこにあるのは、たまたま夏物の麻地をもらったから、それを着る季節まで自殺の決行を延期するといった実にたわいもない脈絡にすぎない。読者は呆れて笑いだすか、怒りだすかするだろう。

しかし、いいように読者をあやつる、こういう人を食った文展開を、心がどんなに辛くても「薄氷を踏む思い」で読者を楽しませずにいられない太宰一流の奉仕精神に発するものと考える読者には、この作家の手つきが痛々しくしみてくるような気がする。

また、そうではなくて、自殺の決意らしいものがほんの些細な偶然によっていとも簡単に遠くへ押しやられる太宰の心のありよう、そういう本音をそのまま書いたと受け取る読者にとっては、同じこの文章が重苦しく不気味に軋《きし》りだすだろう。太宰文学の場合どうしても、一九四八年六月十三日に玉川上水に入水《じゅすい》して果てるまで数度の自殺未遂をくり返した本名津島修治の実生活を、読者が無意識のうちに小説の主人公に重ねて読んでしまう。そうするうちに、ふらふらと生と死との間を揺れ動く作者自身の人間の心が露《あら》わになるような気がする。

そして私は

このように、読み始めるとたん、いきなり脅かされるような例を別にしても、読者をすぐに物語場面に誘い入れようと、作家はこれまで実にさまざまな工夫をこらしてきた。そのため、あえて唐突な感じの導入を試みる例も少なくない。幕が開くと、もう芝居は始まっているのである。

主語も置かずに、いきなり「みると靴が埃《ほこり》で白っぽいのだ」と始める堀辰雄『土曜日』の入り方など、その極端な例だろう。主語が明示してあっても、「今日は陸軍大臣が、おとうさまのお部屋を出てから階段をころげおちた」という武田泰淳『貴族の階段』の書き出しは、陸軍大臣の威厳と、階段から転がり落ちるという失態との結びつきが読者には思いがけなく、どうしてもその先を読まずにはいられない。

作品の冒頭といっても、書く側としては、作品内容という漠然としたかたまりの一部がひょいと顔を出したにすぎまいが、読む側から見れば、その未知のかたまりに最初の一行で入り込むことになり、冒頭はそれだけ摩擦が大きい。そういう作品の内と外という抵抗感をできるだけ減らし、なめらかに誘導しようとする配慮も見られる。川端康成が『千羽鶴』を「鎌倉円覚寺の境内をはいってからも、菊治は茶会へ行こうか行くまいかと迷っていた」と書き出したのも、「も」という助詞によって、悩みがその前から続いていることを暗示し、小説の始まる前と後、すなわち作品の外と内とをつなぐことで、読者がいつの間にか小説世界の中にいるという感覚を誘いだす効果を奏している。

室生犀星は小説『愛猫抄』を「その白い哀れな生きものは、日に日に痩せおとろえてゆくばかりで、乳も卵もちょいと眺めただけで振かえりもしなかった」という一文で始めている。「猫」と特定せずに「生きもの」とぼかすことで、茫漠《ぼうばく》とした世界を提示し、異様な雰囲気をかもしだす工夫も成功しているが、ここでは、一編の作品を「その」という指示語で唐突に始めることで、作品の外と内との間のギャップを埋め、読者が身構えるより先に、小説世界に引き入れる効果をあげた点に注目しておきたい。

それが極端になると、「そして私は質屋へ行こうと思い立ちました」などと、まったく文脈のあるはずのない一編の冒頭に、事もあろうに「そして」といった〈接続詞〉を据える宇野浩二『蔵の中』のような、人を食った書き出しも試みられる。

唐突でなくとも、冒頭に読者がおやっと思うような内容や意見が出てくると、その先が読みたくなる。森茉莉は『続・ヤッタルデ』という短章を「私たちがともかくも、守らなくてはいけない正義。これもしゃっちょこばった感じで守っている人をみると、私は呼吸が詰まってくる」という一文で始めている。「正義」とありながら、それが絶対的なものではなさそうな話らしく、読者は森鷗外の娘のこの意見に耳を傾けたくなる。だが、「人に迷惑をかけない、という限度を守った上で、多少の振幅をつけて守る」と続くから、さほど突飛な意見ではない。正義というものにがんじがらめに縛られて、まったく融通のきかない野暮な人間とは付き合いたくないという気持ちなのだろう。「多少の振幅」というところに粋な生き方を暗示しているのかもしれない。

池澤夏樹『骨は珊瑚《さんご》、眼は真珠』の冒頭文「おまえが私の骨を拾う」には、読者もどきりとする。生きている妻に向かって、今は「骨」と化した死者が語りかけるというこの小説の枠組みに、読者は啞《あ》然《ぜん》とし、その先が読みたくなる。川上弘美の『センセイの鞄』は、「正式には松本春綱先生であるが、センセイ、とわたしは呼ぶ。／「先生」でもなく、「せんせい」でもなく、カタカナで「センセイ」だ」と書き出される。池澤作品のような構造上の違和感はないが、読者はきっと、「先生」と「せんせい」と「センセイ」とはどう違うのかと考え、教師と教え子らしいその二人の関係が、なぜ片仮名の「センセイ」なのかと、知らぬ間に作品世界に引き込まれるような気がする。

とっさに背を向けたが

文章力が純文学と大衆文学といった区別を無意味なものにする。『集英社国語辞典』の編者として、「藤沢周平」という項目を執筆し、「下級武士と江戸庶民の哀歓を端正な文体で描き、時代小説に新境地を開いた」と評した、その一例として、現代に生きたこの作家の作品における書き出しと結びの表現を眺めてみたい。まずは冒頭だが、気取りを感じさせることもなく、読者を作品世界へとさりげなくいざなうことに気づく。

『さくら花散る』は、いきなり「よく笑う女だった」と一編が始まる。『乳房』は、「日が暮れかけているしぐれ町二丁目の通りを、おさよははだしで歩いていた」と書き出され、読者は、いったいなぜ日暮れに「はだし」でと不思議に思い、何が起こったのか、落ち着かない気分で先を急ぐだろう。「熊蔵は足をとめた」と始まる『しぶとい連中』も、何か異変に気づいたからだと、読者は息をのんで次を読む。「事件が知れたのは、その夜四ツを過ぎた頃である」と始まる『闇の顔』、「気配に気づいたのは、大名小路を抜けて、虎の御門外の御用屋敷に帰る途中だった」と書き出される『相模守は無害』も同様、読者に何だろうと思わせる、ちょっとしたサスペンス効果を果たす。

『虹の空』では、「いい家だったわねえ」という会話を投げ出し、次の行に「おかよは、お茶を飲みながら、まださっき見てきた家のことを言っていた」と、その声の主を登場させるが、「まだ」とあるため、読者は場面の途中から見せられたような気分になる。『闇の穴』が「さっきから思っていた」と始まるのも、『泣かない女』が「あたりはまた暗くなった」と始まるのも、「さっき」や「また」が読者をそういう落ち着かない気分に誘うだろう。「おしづは、途中からその話を上の空に聞き流した」と始まる『夜の雪』も、冒頭文に、何を指すかわからない「その」という指示詞が現れるため、よく似た効果として働く。

『小ぬか雨』は「裏口の戸を閉めに行ったおすみは、思わず叫び声をたてるところだった」と書き出される。実際には叫び声をあげていないだけに、おすみという女の内側から描いた感じになる。『日暮れ竹河岸』は「信蔵は焦りと苛立《いらだ》ちではらわたが焼けるような気がしている」と始まり、感覚を現在形の文末で記すぶん、さらに臨場感が高まる。『おつぎ』は「誰かに見られている、と思った」と始まり、こういうふうに感覚や認識の主体が示されない書き方も、読者を作中に引き込みやすい。『宿命剣鬼走り』も「戸が倒れるような物音がし、間もなくただならない人の叫び声がした」と始まり、その音を耳にした人物が明記されない入り方だ。そのため、読者はその場に投げ出され、やはり物語の渦中の人となる。

「大家の六兵衛に聞いた家は、きてみると古びたしもた家だった」と始まる『用心棒日月抄』の場合、主体を明記せずにいきなり「きてみると」と記す空間把握から書き出している。〈作中人物の内面〉に立ち入り、作者が主人公の側からものをとらえていることが明らかだ。それだけ読者もその主人公に同化しやすくなる。『うぐいす』は「軒下の洗濯物をとり込んでいると、うしろでお六の声がした」と始まり、『おぼろ月』も「うしろの空に月がのぼって」と書き出されるが、「うしろ」なるものは客観的には存在しないため、読者はそこに明記されていないその登場人物の位置に自分を重ねて読むこととなる。『晩夏の光』など、「とっさに背を向けたが間に合わなかった」と書き出している。誰が誰に背を向けたのか、何に間に合わなかったのか、肝腎の情報を待機させて作品が幕を開けたことになる。その空白を追って読者は思わず身を乗り出す。つまり、これらの冒頭文は、外から冷静に観察している筆致ではなく、語り手の中継なしに、作中人物の認識をそのまま映した書き方である。そういう表現に応じて読者は主人公とともに悩み、時には剣をふるい、ほっと息をつき、ひかえめに人を愛し、その人物になりきって、物語の中を凛然《りんぜん》と生きてゆく。

十六　別れの風情――【結尾】

結びのタイプ＝①作中人物の内面で　②象徴的に　③余韻　④落ち　⑤違和感　⑥ぼんやりと　⑦事柄の終わりで　⑧たどり着く　⑨首尾照応　⑩想像にゆだねる　⑪ふくらみ

不逞な気分

読者を引き込む、あのような冒頭文を工夫した藤沢周平は、その作品を結ぶ際にはいったいどのような配慮を見せるのだろうか。本書の最後に、一編の文章を閉じるにあたって作家たちの試みたさまざまな方策を見きわめ、それぞれの手法をめぐってその表現効果の質を具体例で解明してみたい。

まずは前章からの流れで藤沢作品の場合から考察を始めることにする。物語の事件が解決して一編が終わったあとも、主人公たちは生きて暮らしてゆく。末尾にそんな雰囲気をちらりとのぞかせて終わると、作品に余韻が漂いやすい。この作家は、その種の臨場感を大事にしたようだ。具体例をあげよう。『おふく』では、「小名木川の水も、造酒蔵《みきぞう》の背も赤い光に染まっていた」と、「胸をひたひたと満たしてくる哀しみ」とともに歩き去る主人公の後姿を描いて作品を閉じている。『夜の橋』も、提灯《ちょうちん》の光に浮かぶ二人の影が、人気のない町を遠ざかる場面で幕が下りる。「どこかで夜廻《よまわ》りの拍子木の音が微かにひびき、雪は音もなく降り続けていた」という最終行は、横網町へ向かう民次とおきくの感覚を思わせる一文を書き捨てたものであり、そこでともに暮らす日々に読者の思いを誘う。

『驟《はし》り雨』は、神社の軒先で雨宿りしていた男が、病気の母親を気遣う幼女のけなげな姿に心ひかれ、さっきまで忍び込む先のようすを探っていたことなど忘れてしまう、そんなほのぼのとした幕切れである。「雨はすっかりやんで、夜空に星が光りはじめていた」という末尾の一文は、外から男を包む風景であると同時に、作品の現場でその男がみた光景でもある。また、男の内面をひとしきり雨のように驟り去った盗み心を象徴するシーンのように読むこともできるだろう。

中期以降、『遠ざかる声』の「額に汗をうかべたままじっと闇を見つめている」、『ただ一撃』の「行火炬燵《あんかこたつ》の中で、すでにうつらうつらしている」など、最終文にこのような現在形の文末形式を用いて臨場感を漂わせ、読者をその場に引きとめる作品が増えている。『浦島』も「ひさしく触れていない妻女の柔肌を思い出し、今夜あたりは、冬の夜のつれづれに手をのばしてみようかと、怪《け》しからぬことを考えている」として結ばれる。ひょっとすると、読者もそんな気分に誘われないとも限らない。

『紅の記憶』は「背後から音もなく風が吹き抜けた。冷ややかな秋風だった」と過去形で終わるが、風を背に受けて「冷ややか」に感じる綱四郎の実感である。『吹く風は秋』も「少しまぶしすぎるほどの日が、弥平がいそぐ小名木川通りの真向かいにかがやいていた」と、やはり過去形で閉じてあるが、これも真向かいから日を浴びて「まぶしすぎる」と感じる弥平の実感であって、ともに作品世界の感覚を記して幕を閉じている。そのため、読者は〈作中人物の内面〉に入り込み、そういう雰囲気を引きずって、しばし余情にひたる気分を味わう。

そこが現在形になると、読者は作中に置き去りにされた感じとなり、まだしばらく小説の中で作中人物たちと時を過ごすような気分になりやすい。『用心棒日月抄』の末尾の「由亀が茶が入ったと呼んでいる」という一文で、読者は又八郎とともにその声を聞く。「さまざまな音を聞きながら、新之丞は茶を啜《すす》っている」という『盲目剣谺《こだま》返し』の末尾では、自分も目を閉じて茶を啜っている気分になるような気がする。『たそがれ清兵衛』で「小春日和の青白い光が、山麓の村に降りそそいでいる」という結びの一文に出あった読者の脳裏には、清兵衛とともにその光の中を歩き続けるイメージがしばしたゆたうだろう。

『おぼろ月』は、親に逆らったことのない娘が、親の気に入っている縁談を受け入れ、浮いた噂《うわさ》ひとつないまま嫁入りしようとしているある日、往来でものにつまずいて下駄の鼻緒が切れかかり、通りかかった男の世話になるラストシーンで、この作家は「おさとは、胸の中にほんの少し不逞《ふてい》な気分が入りこんで来たのを感じている」という一文を投げ捨て、作品を閉じる。読みながら、いつかその気持ちがひとごとでなくなっていることに気づく。一読者として作者の力量に、まいったなぁと思う瞬間である。

巴里は薄紫

人それぞれの結び方がある。森茉莉は『巴里《パリ》』と題するエッセイを、「巴里は夕方になると、家も樹《き》も人間も、犬も、水色の靄《もや》の中に沈む。色で言うと薄紫の町、巴里は恋の町である」と結んだ。大都市を「薄紫」という一つの色に〈象徴〉させた大胆な結びである。

俳優の沢村貞子は晩年、数多くの随筆を執筆したが、その一つ『〃張り合い〃ということ』と題した一編の末尾に、「生き甲斐《がい》と言うと、なんとなくむずかしいけれど——いまの私を支えてくれるのは、ほんの小さな張り合いである……昔の母と同じように」と書き、「私はそれを、いつまでも大切にしなければ——そう思っている」と結んだ。「生き甲斐」などという大仰なものとなると、そう簡単に判断できないが、「張り合い」という程度の気持ちなら実感できる。しかもここでは「ほんの小さな張り合い」とあるからなおさらだ。こういうほんの小さな発見が読者を立ち止まらせるのだ。また、『お元気ですか?』の終わりには、「いつか読んだ本の中にこんな箴言《しんげん》があった」と前置きし、「不求、不急、悠々不休」とそのことばを引用して一編を閉じている。引用されたその文句自体の不思議な説得力と、それを人生訓として受け入れようとする筆者の姿勢に、読者は一瞬、目を見張る。

村上春樹の『風の歌を聴け』も、「彼の墓碑には遺言に従って、ニーチェの次のような言葉が引用されている」と前置きし、「昼の光に、夜の闇の深さがわかるものか。」というそのニーチェのことばを引用して、〈象徴的〉に一編を結んでいる。

竹西寛子の小説『兵隊宿』は、「ひさし少年は、馬の絵をかいている」と始まる。そうして、家に一泊した将校たちに連れられて神社に参詣したひさしは、その「三人の将校が、家族の中で自分だけにしてくれた別れの意味を考えようとしながら、にわかに湧き出してきたとりとめのないかなしみの中で、自分がこれまで知らなかった新たな感情の世界に、いま、たしかに一歩入ったということを知らされた。父親にも母親にも言えないまま、じっとその思いをかみしめていた」として一編が結ばれる。将校たちに対する気持ちが出かける前とははっきり違ってきたこと、夢中で三頭の軍馬を描き、それを画面の中で思い切り走らせたこと、そこまでこの作家が丁寧に叙述してきたそういうディテールの累積が、その結びの一節を支えて絶唱に仕立てているように思われる。

富岡多恵子の『立切れ』は、噺家《はなしか》を引退して一人暮らしの菊蔵の無表情の生き方を描いた不気味な小説である。近くのドブ川に落ちた男の子が死んで引き上げられるとき、泣き叫ぶ母親の顔を眺めながら、「昔どこかで見たような女だ」と思う以外に何の感情も湧いてこないのみか、「死んだ子供がひきあげられるのを見ている時」が「比較的、機嫌のいい」という人物なのだ。この一編は、「また、子供が落ちて死んでいないかな、とドブ川のふちを通るたびに菊蔵は思う。ドブ川はいつも黒く淀んでいて、深いのか浅いのかもよくわからないのである。ドブ川には、ところどころ、コンクリートの小さな橋がかかっている」として閉じられる。読者は遣《や》り場のない気持ちに取り残される。

柳美里の『水辺のゆりかご』は、在日韓国人家庭の長女として生まれ、若くしてあまりに多くの過去を持ちすぎて、離散家族という重いテーマを背負って執筆活動に入った作者の自画像とも言うべき、自伝的な色彩の濃いエッセイである。「息を殺し、針のように突き刺さってくる時間に堪《た》える生活も限界に達し、十五歳で自殺を図る。それから十三年を経て、以前死のうとしたその逗子の海岸を訪れるラストシーンだ。

海を眺めながら、あの日を思い出したのか、何かにつまずいて、見ると「砂浜に埋もれている錆《さ》びた鉄のパイプ」。掘り起こすと朽ち果てた乳母車の残骸だ。そのとき、なぜか「ゆりかご」ということばが浮かぶ。畳の上の悲惨な現実とは違う、畳の下に思い描いた「普通の生活」の象徴に思われたかもしれない。自身がそれに包まれることのついに叶わなかった「ゆりかご」のイメージに酔う。「私は骨ばったゆりかごにゆったりと身をまかせた。遠くから子守唄が流れてくる。／海の向こうに、幻の海峡が見えた」として作品は閉じられる。仮想のゆりかごに揺られながら、「私」はそこで幻の子守唄を聞き、両親の祖国である韓国へと続く海の幻を見る。その触覚と聴覚と視覚との響き合う幻想に、読者もしばし身をゆだねる思いにひたるかもしれない。

小川洋子の『沈黙博物館』は、「村で誰かが死ぬたび、その人にまつわる品を何か一つだけ手に入れ」、それらを陳列する珍妙な博物館の物語である。愛犬のミイラや切り取られた乳首、「娼婦の体温が染み込んでいるかのよう」な避妊リングなど、何の連帯感もない収蔵品がたがいに自己主張して「耐えがたい不協和音」に満ちた雰囲気となっている。「死の完結を永遠に阻止」する目的でその収蔵を思い立った老婆は、その最後の文書化の完了した瞬間に意識を失う。「みずから雪の照り返しを受けていっそう鮮やかにきらめく朝日が、一筋老婆の死顔に射し込んだ」という末尾の一文は、暗い不気味な物語を背負って、ひとしお鮮明な印象を残すだろう。そこまで厚くおおわれてきた作品世界が、突然雲でも切れたように、最後にひときわ輝いて見える。感覚的な自然描写が心理的に響く〈象徴的〉な幕切れだ。

ぶらつかせながら

書き出しにいくつかの基本的なタイプがあったように、一編の結び方にもそれなりの型のようなものがあるのだろうか。「昔むかし、あるところに……」と始まり、「めでたしめでたし」として終わる昔話が典型的であるように、型どおりに始まり、型どおりに終わる作品は一種の形式美をそなえ、その完結感が安心感を与えて、ある意味での爽快な気分を誘う。娯楽ドラマが時計を見なくても終わりのわかるように、文学でも大衆性の強い作品にはそういう傾向があるかもしれない。

純文学でも、芥川龍之介は作品世界をきちっと額縁におさめることを好むようだ。有名な作品『鼻』はこんな話だ。五、六寸もある長い鼻をもてあます禅智内供《ぜんちないぐ》が、鼻を茹《ゆ》でて人に踏ませるという画期的な療法を試みて短くすることに成功するが、他人の不幸に同情しながらも、当人がその不幸を切り抜けると今度は物足りなく思う、そんな「傍観者の利己主義」から、周囲の連中はその見慣れない短い鼻をかえって露骨に哂《わら》うようになり、「内供はなまじいに、鼻の短くなったのが、反《かえっ》て恨めし」くなる。が、「内供は鼻が一夜の中に、又元の通りに長くなったのを知った。そうしてそれと同時に、鼻が短くなった時と同じような、はればれとした心もちが、どこからともなく帰って来るのを感じた」と書いて行を改め、芥川は「こうなれば、もう誰も哂うものはないにちがいない」という内供の心内語を記し、「長い鼻をあけ方の秋風にぶらつかせながら」と書いて一編を結んだ。

こんなふうに、作品が「ながら」で終わっては読者も落ち着かない。「長い鼻を……ながら、内供は……囁いた」という順に書けばきっぱりと終わる。原文のように要素を逆転させても同じ情報が伝わるはずなのだが、「ながら」で終わる形は、まだ何か続きそうなけはいを残す。論理的情報としてはそれに尽きているのだが、読者心理として、その形にどうしても未完結感を受けてしまう。そういう表現し尽くされていない形が余白の感情を引き起こし、実質のうつろな余韻を響かせることになるのだろう。

一生を馬鹿で過ごせたら

戦後の新聞連載の人気コラム、高田保の『ブラリひょうたん』から「若芽の雨」と題する一編をとりあげ、その末尾に注目してみよう。軽薄な文章ばかりでなく、「今日こそは堂々たる、内容たっぷりな、いかにも瞑想《めいそう》的で憂鬱な文章を書こうとおもい立」ち、「すわり直して眉をしかめ、さてしずかに窓前に目をやると五月の雨が降っている」、そのとたんにモーパッサンの小石の一件を思い出したと展開するのだが、むろんこれは高田流のシャイなおとぼけにすぎない。モーパッサンが花壇にばらばら小石を投げつけ、来年の春になって雨が降ったら石から芽が出て小さなモーパッサンが生えると叫んだ話から入り、ピカソ・ドビュッシー・池大雅・富岡鉄斎のその種の軽い逸話をひらりひらりと並べながら、芸術家の知性と感性の問題にさらりとふれる小粋なエッセイだ。

同じ筆者のエッセイの一つに、選挙の候補者を「馬」にたとえて批評したからといって怒る必要はない、諸君は自分で「出馬」と言っているではないかと切り返して結ぶ、ウイットに富んだ短文もある。この一編も、「モゥパッサンの小石が果たして芽を出したかどうかは知らない」とすっとぼけたあと、「私は私のような馬鹿がこの世にあることを軽蔑したいから、小石を蒔《ま》くようなことはしない」と書き、「窓前の雨はしとしとと降っている」と文脈をつなげる。そうして、「若芽を濡らした明るい雨、眺めているといつか何もかも忘れてしまった」と絶対境に入りかけたところで、「何もかも忘れた中でまた一つ、つまらぬことを思い出した」と展開し、「それはソフォクレスのだという言葉——一生を馬鹿で過ごせたらこんな幸福はない」と引用句を置き去りにして筆を擱《お》く。これもまた一種の〈落ち〉にはちがいないが、機知に富んだ感じはなく、どことなく哀愁を漂わせる。

『ブラリひょうたん』が休みなく続いたのは、一回でも休むと、土浦に住む母が、保は病気かと心配をするので、無理をしたせいらしい。胸を病むこの奇才の大喀血《かっけつ》の前夜、「ハハキトク」の電報が大磯に届く。病状を察した家人がそれを秘したため、翌日、保は何も知らぬままに死去。その急死の電報が今度は土浦に向けて打たれるが、重態の母に当然それは伏せられ、保の初七日に母も旅立つ。こうして、病の篤いことをたがいに知らぬまま、親子は手を携《たずさ》えるように世を去った。エスプリの際立つコラムが病を押して書かれた事実を知ると、〈落ち〉に似た軽快な結びがかえって悲壮に響く。

しぶとい人や

大岡昇平は小説『野火』、病気で軍隊から落伍《らくご》し、比島の山野を彷徨《ほうこう》する一兵士の孤独、生の限界をたどる意識と狂気、それに人肉食いの問題をからめて綴る、あの倫理的に潔癖な死者の書を「神に栄えあれ」という一句で結んだ。形式的にはいかにも一編の終わりらしい書き方に見える。しかし、その直前に、「もし彼が真に、私一人のために、この比島の山野まで遣わされたのであるならば」という条件がついている。作家訪問シリーズに先立つ一九七一年十一月四日に東京成城の自宅で作者自身が、「キリスト教の影響が自分の中に強く残っていた」ことになるが、「これは大変な冒瀆《ぼうとく》で」あり、「だからあれは異端の書」なのだと解説してくれた。結果として、作品の末尾にそれが〈違和感〉をかきたてる印象を残すことになった。

小島信夫の『郷里の言葉』は「私は時々、親父《おやじ》の死にざまには、なかなか捨てがたいものがあったと思うことがある」という一文で始まる。「わっちら、もう、あかんわなも」と言うので、卑下していると思って油断していると、その「わっちら」の中に「お前さんも入っているぞ、いい気になるな」という意味合いが含まれていて、「どたわけめ」と言われた気分になる。そんなふうに、郷里の岐阜では「人間ぜんたいを嘲弄《ちょうろう》したような口ぶりで話す」のだという。父親の最期を記す末尾の一節はこうだ。何か言いたいことがあるかと病人の耳もとでささやくと、「トンプク、ナミアミダブツ」と言い、「そこでこときれた」とある。「トンプク」は胃袋の上に漬物石を載せても痛みが耐え難いときに飲んでいる「頓服」という意味である。この作家は、その直後に、母が「しぶとい人や」とつぶやいたことを記して一編を閉じる。

当時、明治大学に勤務していた小島信夫を、大学のすぐ近くに建つ山の上ホテルでインタビューした折、こういう結びを話題にし、「ひとりの人間の死に対する抵抗を身内が「しぶとい」と評価する意外性」を批評的な小島文学に結びつけて当人の意識を問うと、「ああでもしないと、エッセイ風に書いたものだから具合が悪いんですよ」と応じ、「多少違和感のあるものをぶち込んで、そこである世界を閉じるやり方ですね。話が終わったように見えて、もう一つ別の世界を抛《ほう》り込んでやめるのが僕の好み。新しい空間がいろんな可能性を孕んでそこに拡がって行くというふうに終えたいわけです」と、みずから解説してみせた。

蒼く烟があがって

作品をいきなり「その」という指示語で始め、名前はおろか猫とさえ特定せずに、ただ「生きもの」として書き出し、登場する人間も単に「男」「女」として、夫婦であるとも限定せずに展開する、あの室生犀星の『愛猫抄』という小説の、今度は結びの文章に注目してみよう。死んで埋めたはずの猫の幻の度重なる出現に、女は「あした掘って見ましょうか」と言いだす。「何を掘るんだ」と男が問い返すと、女は「あそこに猫がいるかどうか」と答え、ともに「真蒼《まっさお》になって互いに見詰め合」う。そして、男が女のことばを反芻《はんすう》していると、「女が硫黄のように烟《けむり》があがっているように見えた……」として作品は幕が下りる。

言語美学の小林英夫が「まだあると思ってページを繰ってみると、もう白紙であった」と驚きを語ったように、論理的に筋をたどる人間にはいかにも中断的で、室生文学になじみの薄い読者は、末尾を故意に〈ぼんやりと〉霞《かす》ませるある種のポーズを嗅ぎとるかもしれない。

しかし、作者自身には、ぼかして読者を煙《けむ》に巻く意図などさらさらなかっただろう。この結びは断片的な技巧で成立したものではなかったはずだ。登場する人間にも動物にも固有の名を明示せずに物語に入り、不気味ながら茫漠《ぼうばく》とした得体の知れない雰囲気のまま展開してきた小説だ。きっとこの末尾も、そういう作品意図に沿っておのずと烟《けむ》りあがってしまったのだろう。文章の技法を学ぶのは、そんなトータルとしての表現効果である。

塩尻に着いたら乗換えを

『無限抱擁』の自作解説に「自身の直接経験を正直に一分一厘も歪めずこしらえずに写生した」と瀧井孝作は書いた。例の作家訪問の企画で東京八王子のこの作家の自宅を訪ねた折、「狐の鳴き声はコンコンでなくシャアッ、シャアッ、蛙もゲロゲロでなくコト・コト、コロ・コロ、ギル・ギル」というこの作家独特の例を出し、「実際の印象を写生したものでしょうか」と問うと、この作家は「はっきりそう聞いたから書いたんです」と語気を強めた。「畳もかえたざしきに、棺をすえた。障子に中庭の積雪の明りがうつった」といった『積雪』の一節など、「情景がありありと読者の眼に浮かぶし、しかも父親を思う気持ちが感傷を抑えて滲《にじ》み出ている」などと当人の前で評したとおり、実感だけをそのとおりに記すだけの寡黙の文体である。

インタビューの折も、作品の終わりだからどうこうするということはないですよねと念を押すと、やはり「僕の場合は、経験した事件みたいなものを書いてるから、その事件の終わったところでしまいになる」と言い、「ことばでしまいにしようってことはない」と断言した。そのへんを具体例で確認しておこう。『慾呆け』は、飛驒高山から出て来た父を八王子の停車場に出迎えたところから始まる。上京したその老父が赤坂の鉱業事務所に赴き、鉱山の試掘権をめぐって相手にしてやられたことが判明。国に戻る失意の父を八王子の駅で見送るラストシーンは、「汽車に乗ってから老父はぼんやり顔だから、ぼくは隣席の長野へ行くという人に向いて、この年寄は塩尻駅で乗り換えるはずだから塩尻に着いたら乗換えをおしえてやってくれ、と頼んだりしておいて別れた」とあるだけだから、〈事柄の終わりで〉そのまま結ばれている。事が終わり、おのずと作品も終わるのだ。

一九七六年五月二十一日、川崎市生田の丘の上に建つ庄野潤三邸を訪ねた。日頃からなぜか親近感を抱いていたこの作家に、「作品の初めと終わりのことですが、そこはかなり意識なさいますか」とぶしつけな質問をぶつけると、作品の「初めの方は、自分の書きたいことをどうすればうまく引き出せるか、どう入って行くかを考えますけれども、終わりは全くその時まかせです」ということだった。「終わりのほうは、書いて行ってる勢いでひとりでに終わりになるというのが望ましい」し、「作品の内容でもっておのずと最後に到達したというふうなのがいいように思うんです」と庄野文学の姿勢を示した。一見、事実だけをそのままに書くという瀧井孝作と似ているが、もっと創作姿勢というものが鮮明だ。文章自体も『静物』の頃は、枝葉を取り去る、センテンスも短く短く、ということを考えすぎて気持ちのゆとりがなかった」が、「今はもう少し柔らかさ、しなやかさが出てきてる」はずだと言う。そこで、「ふくらみのある文章というあたりに、庄野さんの理想とする文章のお考えが集約されていると考えていいでしょうか」と水を向けると、「そう、「ふくらみ」というのはいいことばですね」と大きくうなずいた。

それを承《う》けて、「思いつきはすばらしいが表現が下手だという場合も、論文ならありそうですが、文学作品は表現即内容なんで、両者は切り離せないものですよね、文章が下手なら、いい内容が伝わらないはずですから」と核心に迫ると、この作家は「彫琢《ちょうたく》した文章よりも内容が大事で、内容が優れていればおのずといい文章になる」と自説を述べた上で、「読後にふっくらとした印象が残るのがいい文章なんですね」と結論づけた。そこで、「美しい文章と言われると、抵抗をお感じになりますか」と一歩詰めると、やはり、「僕が求めているのは美しい文章ではなくて、読んでるとひとりでに笑えてくる文章なんです」と展開してみせた。「その種の可笑しみは、滑稽というより「ヒューマー」の方ですね」と確認すると、「そう、イギリス風に言えば「ヒューマー」ですね」とうなずき、「わざとらしいのはちっとも可笑しくなくて、人間がまともに生きてるのを見ると、どっかしら可笑しいところがあるものですね」と敷衍《ふえん》して、「真面目なところにしか可笑しみもないし悲しみもない、というのが僕の文学観なんです」と締めくくり、聞き手をすっかり満足させた。

石橋に立つ小さな母の姿

尾崎一雄の長編エッセイ『あの日この日』の結びも、事柄とともに終わる雰囲気がある。一九四四年八月三十日の朝七時頃、尾崎は「一服つけ、ひといき吸うと共に目まいがし胸が苦しくなった」。胃潰瘍による大出血である。妻の松枝は、長女の一枝や長男の鮎雄がすでに疎開している下曾我の家に行っていて留守。前日の夫の病状を心配し、今朝一番列車で向こうを発って八時に帰宅する予定になっている。軒下に首を伸ばして吐きながらも、背中をさする次女の圭子に血を見せまいと片手で土をかける。意識が朦朧《もうろう》となるたびに、八時までと自分を叱咤《しった》しながら待つ長い時間。玄関で「ただいま！」という声が響いた瞬間の安堵感を、珍しく激情のほとばしるペン先で書き綴《つづ》る。

絶対安静の時期も去り、九月三十日に住み慣れた上野桜木町の「ぼうふら横町」の家をあとにして帰郷する。下曾我下車、自宅まで二人に支えられながら、ゆっくりゆっくり歩く。足柄平野、旧東海道の松並木、そして相模灘《さがみなだ》に真鶴岬《まなづるみさき》を眺めながら、「とうとう帰って来たな」と涙声で言う。「もう安心ですね」と応じる松枝に「もうこれで、いい」と続ける。「私は、もうこれで、死んでも、という気持だったが、そこまでは言わなかった」とある。途中で一休みし、「さア、もうひといきだ」と立ち上がり、「また二人に支えられながら坂をのぼり始めた」と書き、最後に「右側の、自家《うち》の入口への石橋に立つ小さな母の姿が見えた」として一編を閉じた。状況としては、これも事が終わり自然に作品も終わるのだから〈たどり着く〉結びと言える。一九七六年四月三十日の午後に訪問した、小田原下曾我の尾崎邸の広い座敷で、この作家は「僕の場合、大体、最後はわかってるんです」と言い、『あの日この日』の場合は、「病気になってうちィ帰って来る時」と、縁側から外を指差して、「この坂を登って来る、そこをフィナーレにしようと決めてて、文句も初めからできてた」と、真っ正直にさらりと語った。

ものうい音律

《照応法》の例として既に言及したが、芥川龍之介は『蜘蛛《くも》の糸』を、「極楽は丁度朝なのでございましょう」という一文で開き、「極楽はもう午《ひる》にちかくなったのでございましょう」という一文で、その短編を閉じた。そうすることで、冒頭と末尾の響き合う効果をもたらし、作品の統一感を際立たせて、ある種の形式美を実現した。このように、書き出しに呼応させて作品を結ぶ試みもしばしば見られる。

昔、ホテル・ニュージャパンで田宮虎彦にインタビューした折、「冒頭と呼応する形で終える作品もありますね、『菊坂』という作品は皇太子誕生の祝賀の曲が聞こえてくるところから始まって、やはり皇太子誕生の曲の聞こえてくるところで結んでますし」と水を向けると、この作家は「あれはあの歌から始まるので最後にあの歌を持ってこようという考えが初めからありましたね、前のほうはワーッと沸き立ってて、最後は遠くから聞こえてくる寂しい単調な音で終わらせようと」と、意図的であったことをみずから明かした。たしかに、関連する素材ではあっても、活気のある冒頭とは対照的に、この作品は「病舎のどこかで、皇太子さまお生れになったという単調な曲をかなでているオルガンのものうい音律がきこえていた」という沈んだ雰囲気の一文で終わっている。〈首尾照応〉の結びである。

短いエッセイなどでも時折、一編の末尾にそういう冒頭とのさりげない呼応の見られる例に気づく。沢村貞子も随筆『味噌汁』で、「浅草の路地の朝は、味噌汁の香りで明けた」という一文で書き出し、その一編を「それを二杯も三杯もおかわりして、浅草の裏町の人の、一日がはじまった」と象徴的に結んでいる。同じ筆者が『化粧』で、「浅草では、堅気の女はほとんど化粧をしなかった」と書き出し、最後に、白粉を塗った娘に男親が「風呂へ行って洗ってこい」と命令し、「気の利いた化物はとっくに引っ込んでる時間だぞ」と「にくにくしく悪態を」つく声で結んだのも、素材の統一感を浮き彫りにする成果をあげている。

下人の行方は誰も

「或日の暮方《くれがた》の事である。一人の下人が、羅生門の下で雨やみをまっていた」と書き出した芥川龍之介『羅生門』の結びはどうだろう。親しかった室生犀星とは対照的に、作品世界をきちんと額縁におさめる終わり方をしているだろうか。羅生門の下で雨のやむのを待っていた下人が、雨風の心配のない場所で一夜を明かそうと門の上の楼に上ると、売っていくらかの金にしようと老婆が死人の髪を抜いている。それを見た下人はその老婆の着物を剝《は》ぎ取り、急な梯子《はしご》を「夜の底」へと駆け下りる。そして、ラストシーン。「老婆はつぶやくような、うめくような声を立てながら、まだ燃えている火の光をたよりに、梯子の口まで、這《は》って行」き、「短い白髪を倒《さかさま》にして、門の外を覗《のぞ》きこ」むが、何も見えない。作者はそこで「外には、唯《ただ》、黒洞々《こくとうとう》たる夜があるばかりである」という格調の高い一句でぴしりときめた。そのあと、初稿では「下人は既に雨を冒して京都の町へ強盗を働きに急いでいた」と書いたらしい。静的な結びにわずかな動きを加え、読者の眼を京へ向かう道筋に誘い込んで作品を閉じようとしたのだろう。それを一度「急ぎつつあった」と書き換えたという。この改稿は、「…つつある」と威厳を持たせて、「黒洞々」のレベルとバランスをとったにすぎない。

ところが、その後、「黒洞々たる夜があるばかりである」という堂々たる文の後で改行し、「下人の行方は誰も知らない」という極小の一文を投げ捨てる形の、現行版の結びにふたたび改めたのだという。初稿と第二稿の末尾はあくまで羅生門の場面の延長線上を移行しただけだが、この改稿はスケールが違う。老婆が下人の姿を見失ったときに、読者の前からもそのイメージが消え、黒洞々たる夜の闇だけが広がって作品が終わる。目の前から姿を消した下人の行方、その後の行動や生き方まで、すべてを読者の〈想像にゆだねる〉結びとなった。

改行して投げ込まれた「下人の行方は誰も知らない」という短い一行は、作品の現実場面とは別の次元からのメッセージなのだ。こうして突き放された読者は、心理的に揺さぶられ、しばらく作品世界の残響を聞くこととなるにちがいない。まことに印象的な幕切れとして仕上がった。

此縁側に一眠り

半世紀近くも前のあの日、書き出すタイミングに関する質問のあと、今度は作品をここで閉じるという決心について話を促すと、吉行淳之介は即座に「それはむずかしいですね」と応じ、「大体の方角に向かってやみくもに歩いて行」くと、「どっかに辿《たど》り着いたような感じになってくる」と、自身の場合の経験を語ったあと、結びに関する一家言を披露した。「短編で一番いけないのは、ストンと落ちることね、ストンと落ちがついておわるもの」とし、「あれはやっぱり（作者の）衰弱でしょうね」とまで言い切った。「さりとて、曖昧にぼかしてもいけない」とし、「わざと終わりを削って曖昧にして効果を出すというのは、僕は邪道だと思うんだ」と一蹴しつつも、「次のページめくりそうな終わり方してるのが僕にもあるから、あんまり言えないけど」と、微笑を浮かべてたしなみを見せた。

自身は、落ちになるのを「警戒しつつ、一回ギュッと締めて、フワッと放してふくらます感じを出す」ことを心がけるという。そのふくらみは「あくまで明晰な広がりでなくちゃいけない」と力説した。だから、ぶった切ったような唐突な終わり方は邪道なのだろう。

具体的にどう結べば、そういう〈ふくらみ〉が出るのだろう。《対照法》の項で扱ったとおり、枯淡な文章を綴《つづ》る永井龍男は『冬の日』のラストシーンに、「元日の夕日」を珍しく血の騒ぐ筆致で描きながら、直後に「小ぢんまりとした、古い二階家だった」と書き、改行して「床の間に供えられた小さな鏡餅には、もう罅《ひび》が入っているようであった」と続ける最終二行でみごとに鎮めてしまう、あの結び方は、はたしてその〈ふくらみ〉に相当するのだろうか。

川端康成の『山の音』の主人公尾形信吾は、突然ネクタイが結べなくなったり、「地鳴りとでもいう深い底力」のある「山の音」を聞き、「死期を告知されたのではないかと寒けが」したりする。老いと孤独に苦しむ信吾を慰めるのは息子の嫁の菊子だ。夫に女がいるうちは子を生まないと中絶する、その潔癖さに信吾はいとしさが募り、老いのゆらめきを覚えて危険を感ずる。食事が終わって息子が真っ先に立ち去り、信吾も立ち上がって「なんとなく座敷をのぞいて灯をつけるラストシーン。「菊子、からす瓜がさがって来てるよ。重いからね」という信吾の声は、「瀬戸物を洗う音で聞えないようだった」として幕が下りる。最後に投げ捨てたこの一文は、握った手をフワッと放す〈ふくらみ〉の役を果たすのか。

作品の末尾に〈ふくらみ〉を実現する絶妙の終わり方となれば、夏目漱石の随筆『硝子戸の中《うち》』の例がすぐ浮かんでくる。『こころ』と『道草』との間に、胃潰瘍の発作と発作との間を縫って朝日新聞紙上に連載された随筆だ。一度、死について真剣に考えた人間が、そこから振り返っていとおしむ人生の風景——そんなふうに理解されている作品である。

「霧の深い秋から木枯の吹く冬へ掛けて、カンカンと鳴る西《せい》(誓)閑寺《かんじ》の鉦《かね》の音は、何時《いつ》でも私の心に悲しくて冷たい或物を叩《たた》き込むように小さい私の気分を寒くした」という幼時の追憶があり、「縄暖《なわの》簾《れん》の隙間からあたたかそうな煮〆《にしめ》の香《におい》が煙《けぶり》と共に往来に流れ出して、それが夕暮の靄《もや》に融け込んで行く趣」といった懐かしい風景もある。また、「水に融けて流れかかった字体を屹《きっ》となって漸《やっ》と元の形に返したような際どい私の記憶の断片に過ぎない」母の思い出も語られる。

そうして、最終回に、一般の人類を広く見渡せる雲の上から、これまでものを書いてきた自分自身を見下ろしながら、「恰《あたか》もそれが他人であったかの感を抱きつつ」微笑する。文章の流れとしては、ここで終わっても不自然ではない。だが、そこに漱石は「まだ鶯《うぐいす》が庭で時々鳴く。春風が折々思い出したように九花蘭の葉を揺《うご》かしに来る。猫が何処《どこ》かで痛く噛《か》まれた米噛《こめかみ》を日に曝《さら》して、あたたかそうに眠っている。先刻迄《さっきまで》庭で護謨《ゴム》風船を揚げて騒いでいた子供達は、みんな連れ立って活動写真へ行ってしまった。家も心もひっそりとしたうちに、私は硝子戸《ガラスど》を開け放って、静かな春の光に包まれながら、恍惚《うっとり》と此稿《このこう》を書き終るのである」と、漱石はそのとおりに、うっとりと一編を閉じようとする。

こんなふうに今度こそ完璧に作品を結びかけながら、この文豪はさらに一行書き加える。「そうした後で、私は一寸肱《ちょっとひじ》を曲げて、此縁側に一眠り眠る積《つもり》である」というその一文は、吉行が触覚的に表現した、一度ギュッと締めた手を緩めてフワッと放す、まさにそういう絶妙の無駄をしたたらせた甘露の余滴だったように思われる。

あとがき

一九九一年の三月に岩波書店から『日本語レトリックの体系』と題する学術書を公にした。副題に「文体のなかにある表現技法のひろがり」とあるように、文芸作品を対象とした文体研究のための表現分析という現場で析出した数々の技法群を整理した。広くレトリック全般を見わたし、それらの技法をその中に位置づけて総合的に体系化しようとした試みである。

その後、東京堂出版から、この研究書におけるレトリック用語の解説部分を辞典化する計画が持ち上がり、岩波書店の許可を得て、その準備に入った。日本語に関する文体論辞典がいまだ刊行されていない現状を考慮し、新たに文体の分野から大量の項目を新設して、文体論と表現論とを総合する用語辞典をめざし、その成果を二〇〇七年の九月に『日本語の文体・レトリック辞典』と題して刊行した。

これが引いてじっくりと知識を蓄える辞典であるとすれば、一方で、読んで実践することで自分の文章表現にすぐ具体的に役立つ実用辞典も必要だろう。この本はそういう目的に沿って、各技法を体系的にとらえ、実作に役立つよう、文学作品の実例をもとに、表現の方法と効果を考えた、読む辞典である。

日常生活に見られる表現の工夫を紹介する〘序章〙に次いで、表現技法を【配列】【反復】【諧調】【付加】【省略】【間接】【比喩】【擬人】【多重】【誇張】【逆説】に類別して、それぞれの効果的なレトリックの実際を味わい、次いで文章の味わいを支える【視点】【表現の〈間〉】【余情】について、そういう効果を生み出す言語表現のふるまいを考え、最後に、文章の開閉にあたる【書き出し】と【結び】の工夫を、すぐれた実例で味得する、という構成になっている。

文章は単に情報を伝えるだけではない。表現の在り方をとおして、いやおうなく書き手という人間が相手に伝わってしまう。本書を一読することで、文章を彩るさまざまな表現技法を会得し、いたずら心に満ちた魅力のある文面で、するめのような味のある自分を相手の心に響かせることができれば、著者として望外のしあわせと言うべきだろう。

本書もまた、東京堂出版編集部の上田京子さんの気概によって完成できた。心より感謝の気持ちを伝えたい。

二〇一九年　晩秋の夕べ　わが家の柿をしみじみと味わいつつ　東京　小金井の自宅にて

中　村　　明

ら行〜

『落城』(田宮虎彦)　254
『羅生門』(芥川龍之介)　286
『猟銃』(井上靖)　162
『りんごの涙』(俵万智)　35
『炉を塞ぐ』(小沼丹)　168
『和解』(志賀直哉)　81
『若い詩人の肖像』(伊藤整)　170
『吾輩は漱石である』(井上ひさし)　182
『吾輩は猫である』(夏目漱石)　127, 141, 256

『濹東綺譚』(永井荷風) 152
『母子叙情』(岡本かの子) 35
『火垂るの墓』(野坂昭如) 99
『坊っちゃん』(夏目漱石) 83, 98, 146, 176, 194, 255
『骨は珊瑚、眼は真珠』(池澤夏樹) 264
『本日休診』(井伏鱒二) 255
『本音』(里見弴) 92, 98

ま行

『水』(古井由吉) 161
『水』(小沼丹) 169
『水辺のゆりかご』(柳美里) 273
『味噌汁』(沢村貞子) 286
『道草』(夏目漱石) 289
『港より島へ』(田山花袋) 94
『弥勒』(稲垣足穂) 32
『無限抱擁』(瀧井孝作) 281
『武蔵野』(国木田独歩) 175
『武蔵野記』(吉田絃二郎) 21
『武蔵野夫人』(大岡昇平) 91, 115, 222
『虫のいろいろ』(尾崎一雄) 113, 212
『空車』(森鷗外) 61
『夫婦茶碗』(町田康) 179
『盲目剣谺返し』(藤沢周平) 270
『燃える指』(金井美恵子) 193
『モオツァルト』(小林秀雄) 196, 204
『モッキンポット師の後始末』(井上ひさし) 131
『モロッコ革の本』(栃折久美子) 28

や行

『やがて笛が鳴り、僕らの青春は終わる』(三田誠広) 191
『厄除け詩集』(井伏鱒二) 244
『大和路・信濃路』(堀辰雄) 139
『山の音』(川端康成) 289
『山鳩』(志賀直哉) 243
『闇の穴』(藤沢周平) 265
『闇の顔』(藤沢周平) 265
『友情』(武者小路実篤) 88
『雪国』(川端康成) 34, 56, 112, 134, 136, 209, 217, 259
『夜明け前』(島崎藤村) 94, 258
『妖』(円地文子) 79
『陽気なクラウン・オフィス・ロウ』(庄野潤三) 223
『用心棒日月抄』(藤沢周平) 266, 270
『慾呆け』(瀧井孝作) 281
『吉野秀雄先生』(山口瞳) 41
『夜と霧の隅で』(北杜夫) 8
『夜の靴』(横光利一) 196
『夜の橋』(藤沢周平) 269
『夜の雪』(藤沢周平) 266
『四十一番目の少年』(井上ひさし) 147

『東洋の秋』(芥川龍之介)　74
『遠ざかる声』(藤沢周平)　269
『特別阿房列車』(内田百閒)　211
『土曜日』(堀辰雄)　262

な行

『泣かない女』(藤沢周平)　266
『流れる』(幸田文)　34, 158
『夏蜜柑の花』(小沼丹)　168
『七つの子』(野口雨情)　69
『なまみこ物語』(円地文子)　32
『何でも見てやろう』(小田実)　100
『虹の空』(藤沢周平)　265
『偽原始人』(井上ひさし)　182
『日本三文オペラ』(開高健)　98
『庭』(永井龍男)　116
『庭先』(小沼丹)　167
『野』(上林暁)　8
『野火』(大岡昇平)　85, 193, 278
『伸子』(宮本百合子)　215
『のんきな患者』(梶井基次郎)　35

は行

『葉』(太宰治)　40, 260
『博士の愛した数式』(小川洋子)　10
『驟り雨』(藤沢周平)　269
『鼻』(芥川龍之介)　275
『花散里』(円地文子)　32
『花よりタンゴ』(井上ひさし)　182
『母を恋うる記』(谷崎潤一郎)　255
『薔薇盗人』(上林暁)　34
『巴里』(森茉莉)　271
『〝張り合い〟ということ』(沢村貞子)　271
『巴里に死す』(芹沢光治良)　34
『晩夏の光』(藤沢周平)　267
『犯罪調書』(井上ひさし)　42
『日暮れ竹河岸』(藤沢周平)　266
『百人一首』(小沼丹)　173, 174
『鵯の花見』(小沼丹)　166
『広場の孤独』(堀田善衛)　184
『枇杷』(小沼丹)　168
『プーさんの鼻』(俵万智)　35
『富嶽百景』(太宰治)　75, 122
『吹く風は秋』(藤沢周平)　270
『父祖の地』(尾崎一雄)　21
『腹鼓記』(井上ひさし)　143, 184
『筆まめな男』(小沼丹)　169
『船乗りクプクプの冒険』(北杜夫)　41
『冬の日』(永井龍男)　48, 289
『冬の日』(梶井基次郎)　111
『ブラリひょうたん』(高田保)　220, 276, 277
『風呂桶』(徳田秋声)　243
『文芸的な、余りに文芸的な』(芥川龍之介)　33
『文章読本』(三島由紀夫)　95
『文章読本』(谷崎潤一郎)　107
『文章読本』(丸谷才一)　193
『兵隊宿』(竹西寛子)　272
『平凡』(二葉亭四迷)　56
『紅の記憶』(藤沢周平)　269
『片片草』(小沼丹)　172
『豊饒の海』(三島由紀夫)　45
『頰白』(小沼丹)　166

『相模守は無害』(藤沢周平) 265
『鷺』(田宮虎彦) 254
『桜の森の満開の下』(坂口安吾) 108
『さくら花散る』(藤沢周平) 265
『笹まくら』(丸谷才一) 243
『細雪』(谷崎潤一郎) 30, 78
『作家は行動する』(江藤淳) 199, 215
『冷めない紅茶』(小川洋子) 35
『猿』(小沼丹) 165
『猿面冠者』(太宰治) 192
『潮騒』(三島由紀夫) 254
『紫苑物語』(石川淳) 51, 85, 243
『自家製文章読本』(井上ひさし) 142, 162, 187, 194
『志賀直哉』(小林秀雄) 214
『私家版日本語文法』(井上ひさし) 162
『刺青』(谷崎潤一郎) 85
『地蔵さん』(小沼丹) 178
『自筆年譜』(井上ひさし) 50
『しぶとい連中』(藤沢周平) 265
『十一匹の猫』(井上ひさし) 50
『驟雨』(吉行淳之介) 225
『十六歳の日記』(川端康成) 118, 129
『縮図』(徳田秋声) 152
『宿命剣鬼走り』(藤沢周平) 266
『侏儒の言葉』(芥川龍之介) 39, 114, 171
『春泥』(久保田万太郎) 235
『春望』(杜甫) 85
『少年の日』(佐藤春夫) 73
『抒情歌』(川端康成) 255
『新文章読本』(木村毅) 96
『巣箱』(小沼丹) 166
『静物』(庄野潤三) 159, 282
『静夜思』(李白) 85
『積雪』(瀧井孝作) 281
『蟬の脱殻』(小沼丹) 167
『センセイの鞄』(川上弘美) 13, 264
『栴檀』(小沼丹) 168
『千羽鶴』(川端康成) 106, 156, 263
『早春』(小津安二郎) 70
『掻痒記』(内田百閒) 195
『続・ヤッタルデ』(森茉莉) 263

た行

『当麻』(小林秀雄) 203
『たそがれ清兵衛』(藤沢周平) 270
『ただ一撃』(藤沢周平) 269
『立切れ』(富岡多恵子) 272
『他人の顔』(安部公房) 152
『旅の終り』(辻邦生) 120, 243
『タロオ』(小沼丹) 166
『乳房』(藤沢周平) 265
『千代尼句集』(加賀千代) 177
『珍品堂主人』(井伏鱒二) 157, 243, 247, 249
『沈黙博物館』(小川洋子) 274
『椿』(里見弴) 59, 243
『妻』(大岡昇平) 219
『徒然草』(小林秀雄) 44
『寺内貫太郎一家』(向田邦子) 150
『田園の憂鬱』(佐藤春夫) 161, 241
『伝統と反逆』(小林秀雄) 214
『道化の華』(太宰治) 125

か行

『海辺の光景』(安岡章太郎)　32, 243
『鍵』(谷崎潤一郎)　35
『書方草紙』(横光利一)　196, 253
『限りなく透明に近いブルー』(村上龍)　153
『影』(古井由吉)　161
『駈込み訴え』(太宰治)　76
『かげろうの日記』(堀辰雄)　139
『傘のありか』(永井龍男)　238
『火星のツァラトゥストラ』(筒井康隆)　217
『風立ちぬ』(堀辰雄)　139, 140
『風の歌を聴け』(村上春樹)　133, 272
『風の中の子供』(坪田譲治)　228
『風ふたたび』(永井龍男)　154, 237, 238
『郭公とアンテナ』(小沼丹)　166
『悲しい予感』(吉本ばなな)　150
『蒲田行進曲』(つかこうへい)　54
『仮面の告白』(三島由紀夫)　28
『硝子戸の中』(夏目漱石)　289
『川端康成』(小林秀雄)　200
『消える』(川上弘美)　151
『菊坂』(田宮虎彦)　46, 285
『汽車の中』(小島信夫)　12
『貴族の階段』(武田泰淳)　262
『擬態』(尾崎一雄)　8
『城の崎にて』(志賀直哉)　107
『休憩時間』(井伏鱒二)　255
『狂言の神』(太宰治)　102
『京へ着ける夕』(夏目漱石)　82
『郷里の言葉』(小島信夫)　278
『吉里吉里人』(井上ひさし)　96, 182, 187
『草枕』(夏目漱石)　58, 65, 80, 83, 95, 182
『朽助のいる谷間』(井伏鱒二)　145
『くっすん大黒』(町田康)　180
『虞美人草』(夏目漱石)　80
『蜘蛛の糸』(芥川龍之介)　46, 285
『暗い旅』(倉橋由美子)　192
『蔵の中』(宇野浩二)　263
『車のいろは空のいろ』(あまんきみこ)　46
『くれない』(佐多稲子)　160
『黒と白の猫』(小沼丹)　163
『芸術は何のためにあるか』(伊藤整)　12
『化粧』(沢村貞子)　286
『結婚まで』(瀧井孝作)　254
『毛虫について』(尾崎一雄)　215
『煙』(小沼丹)　104
『行人』(夏目漱石)　101
『珈琲の木』(小沼丹)　168
『国語事件殺人辞典』(井上ひさし)　181
『こころ』(夏目漱石)　289
『ゴッホの手紙』(小林秀雄)　155, 201
『小ぬか雨』(藤沢周平)　266
『小林一茶』(井上ひさし)　51, 131, 182

さ行

『最後の晩餐』(開高健)　98
『歳末閑居』(井伏鱒二)　63

引用作品索引

◉引用作品名に続けて作家名を示した。

あ行

『愛猫抄』(室生犀星)　105, 155, 218, 263, 280
『青鬼の褌を洗う女』(坂口安吾)　215
『青葉繁れる』(井上ひさし)　216
『青べか物語』(山本周五郎)　117
『赤頭巾ちゃん気をつけて』(庄司薫)　218
『アシルと亀の子』(小林秀雄)　102
『あの日この日』(尾崎一雄)　283, 284
『阿部一族』(森鷗外)　30
『雨蛙』(志賀直哉)　254
『雨空』(久保田万太郎)　235
『雨瀟瀟』(永井荷風)　81, 241
『或旧友へ送る手記』(芥川龍之介)　214
『杏っ子』(室生犀星)　84, 156
『碑』(中山義秀)　152
『伊豆の踊子』(川端康成)　77
『一握の砂』(石川啄木)　180
『キタ・セクスアリス』(森鷗外)　254
『イデオロギイの問題』(小林秀雄)　202
『犬の話』(小沼丹)　166
『陰翳礼讃』(谷崎潤一郎)　35
『浮雲』(林芙美子)　32
『うぐいす』(藤沢周平)　267
『美しい村』(堀辰雄)　140
『乳母車』(三好達治)　69
『海と毒薬』(遠藤周作)　152
『海を感じる時』(中沢けい)　54, 131
『梅と蝦蟇』(小沼丹)　167
『末枯』(久保田万太郎)　44, 235
『浦島』(藤沢周平)　269
『駅二、三』(小沼丹)　166
『Xへの手紙』(小林秀雄)　102, 198
『榎物語』(永井荷風)　254
『絵本』(永井龍男)　236, 238
『縁談窶』(里見弴)　232
『老桜』(円地文子)　8
『桜桃』(太宰治)　124
『大いなる日』(阿部昭)　243
『沖縄の手記から』(田宮虎彦)　57
『お元気ですか？』(沢村貞子)　271
『お辞儀』(向田邦子)　151
『おつぎ』(藤沢周平)　266
『おとうと』(幸田文)　226, 243
『おふく』(藤沢周平)　268
『溺レる』(川上弘美)　13
『おぼろ月』(藤沢周平)　267, 270
『お目出たき人』(武者小路実篤)　87
『おれたちと大砲』(井上ひさし)　183

漸層法　37, 50
全知視点　222, 223
創作視点　222, 224
側写法　127, 147

た行

対義結合　204, 214〜216
対偶法　68, 85
体言止め　103, 123
対照法　37, 47, 288
代称法　127, 131
駄洒落　170, 180, 185, 186
多重　170
ためらい　90, 102
断叙法　103, 108, 110
断絶　37, 44
置換　149
中断法　103, 119
直喩　149〜151, 155, 179
対句　68, 85
点描法　90, 94, 175
頭韻　68, 69
同義循環　204, 219, 221
倒置　37, 45
倒置反復　19, 68, 82, 83
頓絶法　103, 118

な・は行

二重否定　127, 142
配列　37
場面カット　103, 116
パロディー　170, 180
反語法　127, 145
反復法　54, 56, 60
美化法　127, 133
比喩　34, 36, 149, 159
表現の〈間〉　231, 234, 239
付加　90
冒頭　253

ま行

未決　37, 41, 42
矛盾語法　204, 206
明示引用　170, 171, 174
名詞提示　103, 123
黙説法　103, 117

や・ら行

余韻　240
陽否陰述　127, 143
余情　120, 157, 240, 242
余白　231
リズム　68, 75, 76
類義累積　54, 65
列挙法　90, 98
連鎖漸層法　68, 82

技法索引

あ行

曖昧語法　127, 138
暗示引用　170, 178〜180
暗示的看過法　127, 143
異例結合　204, 218
隠引法　170, 175
隠喩　149〜151, 154
韻律　32
迂言法　127, 131
婉曲語法　127, 129
鸚鵡返し　54, 64, 124
落ち　277

か行

諧調　68
書き出しの型　253
格言引用　170, 173
活喩　160, 162
緩叙法　127, 141, 142
間接　127
擬人法　160〜163
奇先法　37, 38
稀薄法　127, 130
脚韻　68, 70
逆説　204, 209, 210, 213, 214
逆対句　83
曲言法　127, 128
極言　191, 197, 199, 201
挙例法　90, 92
警句法　103, 115
結尾　268
誤解誘導　37, 42, 43
誇張法　191, 192, 194〜196
語呂合わせ　170, 189

さ行

サスペンス効果　265
地口　170, 185
視点人物　222, 225〜227, 235, 236, 259
洒落　170, 186
主辞内顕文　103, 104, 107
照応法　37, 47, 285
畳音　68, 71
畳語　54
畳語法　54, 56
詳悉法　90, 95
象徴　260, 271, 272, 274, 286
畳点法　54, 56, 61
省筆　103, 111, 112
情報カット　103, 116
情報待機　37, 40, 260
省略　103, 110, 111
省略暗示　103, 126
叙述視点　222, 224
尻取り文　68, 80
制限視点　222, 223
接叙法　90, 91
漸降法　37, 50
前辞反復　68, 80, 82

◉著者紹介

中村　明（なかむら・あきら）

一九三五年九月九日、山形県鶴岡市の生まれ。国立国語研究所室長、成蹊大学教授を経て、母校早稲田大学の教授となり、現在は名誉教授。日本文体論学会代表理事、高等学校国語教科書（明治書院）統括委員等を歴任。主著に『比喩表現の理論と分類』（秀英出版）、『作家の文体』『名文』『悪文』『小津映画　粋な日本語』『人物表現辞典』（筑摩書房）、『日本語レトリックの体系』『笑いのセンス』『文の彩り』『吾輩はユーモアである』『日本語　語感の辞典』『語感トレーニング』『日本語のニュアンス練習帳』『日本の作家　名表現辞典』『日本語文体論』『日本の一文30選』『日本語　笑いの技法辞典』『ユーモアの極意』（岩波書店）、『類語ニュアンス辞典』（三省堂）、『文体論の展開』『日本語の美』『日本語の芸』（明治書院）、『美しい日本語』『日本語の勘』『日本語名言紀行』『日本語人生百景』『心にしみる日本語』『記憶に残る日本語』（青土社）、『比喩表現辞典』（角川書店）、『センスをみがく文章上達事典　新装版』『たとえことば辞典　新装版』『音の表現辞典』『文章表現のための　辞典活用法』『類語分類感覚表現辞典』『感情表現新辞典』『もの・こと・ことばのイメージから引ける　比喩の辞典』（東京堂出版）など。

文章を彩る　表現技法の辞典

二〇二〇年二月一〇日　初版発行
二〇二四年七月一〇日　三版発行

著　者　中村　明
発行者　金田　功
発行所　株式会社東京堂出版
〒一〇一-〇〇五一
東京都千代田区神田神保町一-一七
電話　〇三-三二三三-三七四一
https://www.tokyodoshuppan.com/

ＤＴＰ　有限会社一企画
印刷製本　中央精版印刷株式会社
ブックデザイン　小泉まどか

ISBN978-4-490-10914-6 C0581